瓷器窰

天窓十二眼
後ニ今新ニ燒火
兩箇時火
從上足下
共計火力ヲ
十二時辰

門火先燒十箇時
足火從下攻上

玉松語汝瓷

耿寶昌題

玉 松 话 汝 瓷

孟玉松 著

文物出版社

图书在版编目（CIP）数据

玉松话汝瓷／孟玉松著 . —北京：文物出版社，2016. 5

ISBN 978 - 7 - 5010 - 4567 - 9

Ⅰ. ①玉…　Ⅱ. ①孟…　Ⅲ. ①汝窑—瓷器（考古）—基本知识—中国　Ⅳ. ①K876. 3

中国版本图书馆 CIP 数据核字（2016）第 070872 号

玉松话汝瓷

题　　签：耿宝昌

著　　者：孟玉松

责任编辑：于炳文

装帧设计：于炳文

责任印制：陈　杰

责任校对：安倩敏

出版发行：文物出版社

地　　址：北京市东直门内北小街 2 号楼

网　　址：http：//www.wenwu.com

邮　　箱：web@ wenwu.com

经　　销：新华书店

制　　版：北京宝蕾元科技发展有限责任公司

印　　刷：北京京都六环印刷厂

开　　本：710mm × 1000mm　1/16

印　　张：13. 5

版　　次：2016 年 5 月第 1 版

印　　次：2016 年 5 月第一次印刷

书　　号：ISBN 978 - 7 - 5010 - 4567 - 9

定　　价：108. 00 元

目　录

第三部分　为了周总理的嘱托

图　版

序

　　据文献记载：汝窑为宋代五大名窑"汝、官、哥、钧、定"之首。该窑烧造的天青色釉，匀净、温润、幽雅、深邃，为皇室所宝重，为世人所喜爱，闻名遐迩。汝窑为北宋宫廷烧制，为御用瓷。历年不久，中经北宋末年金人入侵，南宋已有"近尤难得"之叹，流传至今不足百件，为宋代名窑中传世品最少的一个瓷窑。自北宋末以降，汝窑天青釉瓷断烧。在新中国成立后的 20 世纪 50 年代，周恩来总理指示，要恢复历史上著名瓷窑的工艺技术，这迎来了恢复汝窑天青釉瓷的春天。谈及恢复、传承汝窑天青釉工艺技术的功臣，当首推中国陶瓷艺术大师孟玉松。由于汝瓷我与孟玉松相识，我们 30 年的友谊，更是缘于汝瓷。

　　我敬重玉松。

　　玉松其人如其名，冰清玉洁，傲然屹立。为人诚恳、待人谦和的她，虚心好学，交谈中遇到有关汝窑的问题就刨根问底，一丝不苟。瘦小身躯的她，不畏艰辛，拚搏在自己所钟爱的恢复、传承汝窑天青釉瓷的事业中。1958 年，她在郑州大学化学系学习硅酸盐定量分析，掌握了以后从事汝窑天青釉研发的基础知识和技能。在临汝县第一汝瓷厂任职时，为了研发一个新配方，她冒着酷暑寒冬，背负儿女奔走在往返60里的厂、家之间，不辞辛苦通宵达旦地查找资料，挑选原料，做出配比，攻克了一个又一个难关，成功的喜悦抹去她身心的劳累疲惫，又兴冲冲地向前行，迎接新的挑战。1983年玉松担任临汝县工艺美术汝瓷厂技术科长，肩负着恢复汝窑天青釉瓷的重任，试想，一个条件简陋的县办瓷厂，要恢复汝窑天青釉，谈何容易！困难可想而知，那时宝丰清凉寺汝窑中心窑场尚未被考古发现，没有任何的技术资料，没有任何的窑址遗存参照物，可以直观借鉴的只有收藏在国家级博物馆中的为数很少的传世汝窑天青釉瓷。受命为QC攻关小组组长的孟玉松，知难而进，找准目标，不断地奔赴北京故宫博物院阐述研发课题，求得帮助，请教专家，在专家的指点下细致入微地观察、体味、触摸、感悟汝窑天青釉弦纹尊的香灰色胎体，悦目、蕴蓄的天青釉，细如蝉翼的片纹，若隐若现的弦线，典雅精致的造型、芝麻状支钉的工艺痕迹等等诸多特征。她认真地看着、问着、听着、记着，于后，她凭借笔记、观察记忆形成的对汝窑天青釉瓷的理解、认知，做出无数的配方反复试验，配制出汝窑天青釉的泥料、釉料。试烧不成功，找出问题调整配方，再试烧，四年多的刻苦努力，终于在1988年烧制出汝窑天青釉，使得断烧800多年的北宋汝窑天青釉工艺技术的恢复工程取得了阶段性成功。这惊世之举，可喜可敬。

我感谢玉松。

作为中国陶瓷艺术大师的孟玉松的经典之语"要想做成事，先要学做人"。她具有深厚的爱国情怀。1974年为了维护国家信誉，为了给临汝县工艺美术汝瓷厂创效益，面对着厂里从未烧制过，没有技术把握，且要一个月交货的出口一万件紫蓝釉花盆的出口美国合同，她毅然决然地请厂里签约，她认定，只要钻研，定能成功，于是就一头扎进资料堆，查阅到氧化镁和氧化钴等原料是烧制紫蓝色釉的基础元素，但厂里却没有这些原料，她没有退却，想方设法用滑石粉在一周内配制出紫蓝釉配方。一万件紫蓝釉花盆如期运往美国。瓷厂上下无不欢欣鼓舞。玉松研发新釉色的脚步从未放慢过，她接连研发成功天蓝釉、豆绿釉、月白釉、天青釉，获得四项科技进步奖。她的汝窑天青釉作品，多次荣获我国陶瓷艺术竞赛金奖和国际赛事大奖。孟玉松的作品不仅被故宫博物院、北京人民大会堂等单位收藏，还被英国皇家博物馆、澳大利亚中华博物馆、美国哈佛大学、耶鲁大学收藏，另有许多作品被选做国礼，赠送给一些国家元首和政府首脑，为宣传弘扬富有魅力的中国陶瓷文化做出了贡献。

作为女性的孟玉松，由于其卓越的工作成就，顽强拚搏的坚强性格和重情重意、富有爱心的美好品德，自1985年始陆续荣获市、地区、省级"三八红旗手"、"女能人"、"行业领军人物"、"有突出贡献的陶瓷艺术大师"等称号。1988 年参加全国第六次妇女代表大会，这位能顶起恢复汝窑天青釉瓷半边天的孟玉松，为全国女性朋友们争光夺誉，堪称女性之典范。

我赞美玉松。

她从艺 40 年，获得荣誉称号和奖项不计其数，但从未把荣誉放在心上。经春历夏，一如既往，在汝窑的艺术沃土里耕耘。1997 年她退休后自办玉松古瓷厂，专心从事创作，她注重作品的艺术品味，追求内含，追求韵味，追求意境，追求品型端庄大方、浑厚朴实，追求釉色温润纯净。创新之作"孔雀洗"，简约洗练的形体，静中有动，以一抹的天青釉掩映，充溢着活力，感人至深，再现了北宋汝窑厚重的文化底蕴。

为传统汝窑文化发扬光大，为汝瓷事业后继有人，孟玉松把自己几十年积累的经验和知识，毫无保留地传授给喜爱汝瓷艺术的年青人，这些桃李，已是硕果累累，当是汝窑天青釉瓷传承创新的典例。

孟玉松再造天青釉汝瓷的新生，天青釉汝瓷彰显了她勇于进取、勇攀高峰的光彩人生。"玉松话汝瓷"是她为汝瓷奋斗一生的写真。在此，我衷心地祝福玉松青春永驻，为弘扬传统汝窑文化再铸辉煌。

中国古陶瓷学会会长

王莉英

前　言

汝窑是在北宋时期专为宫廷烧制御用品的瓷窑，在我国陶瓷发展史上是最受珍视的名窑之一，历代予以高度评价。宋，叶寘《坦斋笔衡》记载："本朝以定州白磁有芒不堪用，遂命汝州造青窑器，故河北、唐、邓、耀州悉有之，汝窑为魁。"但到北宋末年经过靖康之变，汝窑已是窑空烟冷，南宋人已有"近尤难得之叹"，从此失传，历代仿烧不绝，却无一成功。

20世纪50年代，周恩来总理指示，恢复祖国文化遗产。国家轻工部下发文件，尽快恢复历史名窑，特别是汝窑和龙泉窑。在汝州市（原临汝县）各级党政领导的重视和支持下，在北京故宫博物院的领导和专家们的支持、指导和帮助下，在当代汝窑工作者的共同努力下，历经四十多年的艰辛，终于把汝窑生产技艺全面研究恢复成功。尤其是党的十七届三中全会的召开，重视知识、重视人才、重视文化的精神，鼓舞了广大汝瓷工作者，满腔热情投身于汝瓷地传承，发展和创新工作中，使汝瓷生产蓬勃发展起来。

可是还有部分汝瓷工作者，热情很高，理论知识和技术水平还不够扎实，工作中遇到不少疑难问题，还有许多汝瓷爱好者，他们也都迫切想了解一些汝瓷知识。我作为国家汝瓷烧制技艺代表性传承人，有责任，有义务宣传汝瓷文化，传播汝瓷技艺，所以就整理这一部分资料，把我从事汝瓷恢复研究四十多年来，学到的知识、经验、教训撰写出来，供朋友们参考，若有不当之处，敬请批评赐教。

第一部分
认识汝窑

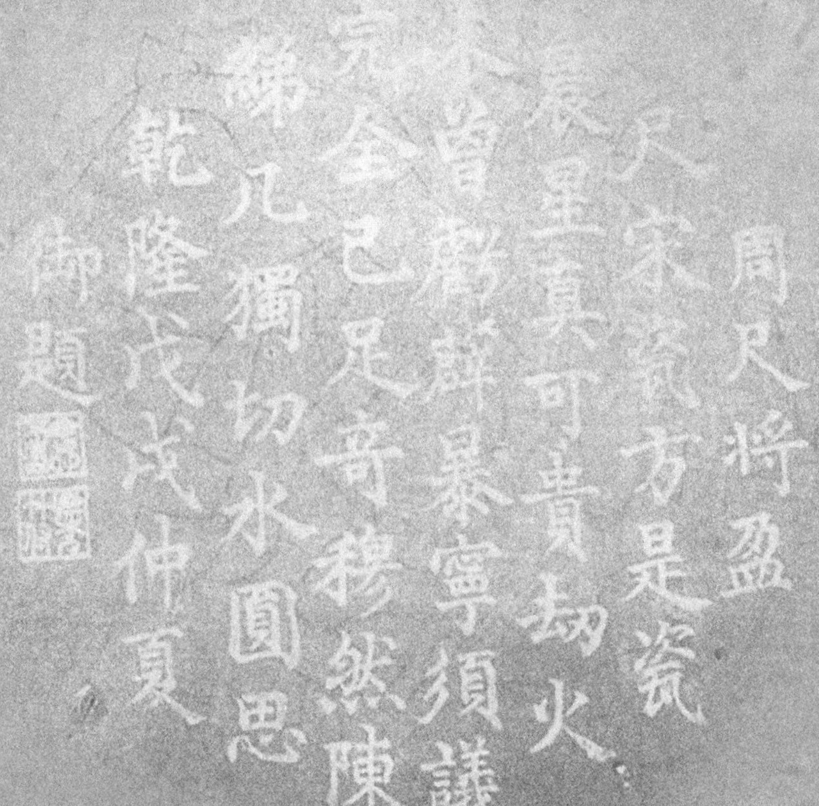

晨星真可贵却火

宋瓷方是瓷

周尺将盈

不曾膺群暴寧須議

完全己足奇穆然陈

綿凡獨切水圆思

乾隆戊戌仲夏

御题

第一章　汝窑的历史地位及价值

第一节　汝窑的历史地位

汝窑是北宋时期为宫廷烧制御用品的瓷窑，在我国陶瓷发展史上是最受珍视的名窑之一，历代予以高度评价。南宋人叶寘在《坦斋笔衡》说："本朝以定州白瓷有芒不堪用，遂命汝州造青窑器，故河北唐、邓、耀州悉有之，汝窑为魁。"明代王世懋《窥天外乘》记载："宋时窑器以汝州第一，而京师自置官窑次之。"他把汝窑列为宋代名窑之首，佐证了"汝窑为魁"之说，在宋代及后世广为流传。这些文献资料之所以给予汝窑这样高的评价，是由于汝窑在中国陶瓷史上开创了青瓷工艺的新阶段、新境界。

众所周知，青瓷早在汉代就产生了，到唐代形成了"南青北白"的格局。在北宋的167年间，我国的陶瓷艺术得到了长足的发展，当时名窑林立，窑火连天。在激烈的市场竞争中，汝窑青瓷出类拔萃。《中国文化辞典》"汝窑"条注："汝窑，宋代著名瓷窑，烧制青瓷器，胎质灰白，釉色以天青及青绿发蓝为主……汝窑开青瓷工艺新阶段，改变此前'南青北白'的说法。"可以说，汝窑工匠们"炉火纯青"的技艺奠定了汝窑在陶瓷艺术史上崇高的历史地位。

第二节　汝窑器的文物价值

2012 年 4 月，香港苏富比春季拍卖会，一件汝窑天青釉葵口洗，经过 34 次叫价后，以 2.0786 亿港元（合 1.6845 亿元人民币）成交，刷新了宋瓷世界拍卖纪录。

这件北宋汝窑天青釉葵口洗直径 13.5 厘米，六瓣葵花式，口略撇，上丰下敛，浅腹薄壁，棱角随口沿起伏，线条流畅含蓄，圈足微外撇，底有 3 个细小支钉痕。通体施釉，淡淡的天青色，口沿薄釉处呈淡淡的粉青，开蝉翼细纹片。拍卖时配有日式双重梧桐木盒。苏富比公布的拍品源流显示，该葵口洗在 1930～1970 年，是由英国知名收藏家艾弗瑞·可拉克夫人收藏，1976 年转至日本东京茧山龙泉堂，随后又入另一日本私人收藏家之手。

天青釉葵口洗（复烧品）

汝窑在人类艺术史上的地位引人瞩目，汝窑器是历代收藏家梦寐以求的珍罕。这件汝窑天青釉葵口洗现身市场，又一次给收藏界带来震撼，再次引起全世界对汝窑的极大关注。

我为什么要讲这些事情呢？就在苏富比春季拍卖会之后，我接到了很多电话，询问这件汝窑器是否物有所值。

大家知道，汝窑从宋代到现在，历经沧桑900年，存世品极为稀少。目前全世界不足百件，有据可查的统计是77件。其中台北故宫博物院21件（原来统计为23件，近年专家论证其中的"三牺尊"和"奉化尊"是清代仿品，不是宋代传世品）、北京故宫博物院17件、上海博物馆8件、英国大维得基金会7件、天津博物馆1件、香港收藏家罗桂祥1件、日本现存4件、美国现存5件、英国私人收藏1件。当然，这个数据未必精确，因为尚有部分汝窑器在私人手里，难以统计。这件汝窑天青釉葵口洗造型端庄，器体完整，釉色莹润，并且传承有序，很不容易。这样的东西一旦到藏家手中，极少再往外卖，我们甚至连碰到的机会都没有。你说值不值？当然值！

宋代青瓷是中国陶瓷发展史上的一个高峰，汝窑器则是其中的佼佼者，她把传统陶瓷的美推向极致。观其釉色，如雨后天青，纯净高远，典雅大方；抚其釉面，平滑细腻，光泽温润，如同美玉；器表呈蝉翼纹般细小开片，胎与釉结合处有稀疏气泡，在光照下时隐时现，廖若晨星，给人以赏心悦目的美感。后人把汝瓷的艺术特点概括为三句话十九个字，"青如天，面如玉。蝉翼纹，晨星稀，芝麻支钉釉满

出香炉（复烧品）

足。"可惜宋代汝窑仅烧制40年，如昙花一现，便消匿于战乱的尘烟中。由于烧造时间短暂，传世瓷器极少，所以非常珍贵。历史上文献记载中都推崇备至。南宋人周辉在《清波杂志》中发出这样感叹："汝窑宫中禁烧，内有玛瑙为釉。唯供御拣退，方许出卖，近尤难得。"南宋人周密《武林旧事》中

出香炉（复烧品）

记载："绍兴二十一年十月，高宗幸清河郡王第……张俊进奉……汝窑酒瓶一对、洗一、香炉一、香合一、香球一、盏四只、盂子二、出香一对、大奁一、小奁一。"说的是南宋第一个皇帝赵构，在1151年到清河郡王张俊家里，张俊就将一批汝窑瓷器进奉给皇帝。整整16件！这在当时也是震动朝野的大事，所以周密才在《武林旧事》中做了详细的记录。这是宋代历史文献中记载汝窑最多的一次。

后来历朝都对汝窑器视若拱璧，与商彝周鼎比贵。乾隆皇帝当年痴迷汝窑器，还特别为之题写了不少诗作。

汝窑器不仅在中国珍贵，在世界上的地位也举足轻重。20世纪60年代初，中华国宝在美国巡回展览时，有位英国爵士两次跨洋赴美，目的是亲手抚摸一下北宋汝瓷，他说："我是一个鉴赏陶瓷的专家，生前不亲手抚摸一下汝窑器，死都不会瞑目！"

传世汝窑器绝大部分都在世界级的博物馆里，能看上一眼就是一种奢侈。我研究汝瓷大半辈子，也没有目睹几

件，更不用说上手几件了。进入故宫博物院珍宝馆，光审批手续就得过几道关。1984 年春，我在北京故宫博物院数名馆员和几位专家的陪同下，见到了朝思暮想的宋代汝官瓷绝世珍品——弦纹尊。它的魅力真是无法用语言表述。我双手小心翼翼地抚摸着弦纹尊，屏住呼吸，泪花在眼眶里打转。我太激动了，故宫给我的待遇太高了。冯先铭先生说："我们在故宫工作，看一次也是不容易的呀！"

第三节 汝窑器的艺术价值

陶瓷艺术是最能表现中华民族文化精神内涵的杰出艺术类型之一。华夏先民们为方便生活储水盛食，在耕作之余顺手捏土成器、生火焙烧而得陶，由陶经高温烧制而成瓷。陶瓷集实用性与艺术性于一体，与人们日常生活和艺术活动密切相关。陶瓷生产在古代被认为是蕴涵金、木、水、火、土，五行相克相生的和谐过程，是自然物质元素与人的创造精神相结合的精品雅器。以现代科学来看，陶瓷生产是物理化学、工艺技术、艺术审美等学科综合性的产物，是人类智慧结晶。她体现的素朴之美最能触动人们的心灵。

宋代汝窑的工匠追求自然、朴素的美学理念，在汝瓷的造型上摒弃繁琐，体现平易、简洁、刚劲有力的艺术风格。他们在釉料里加入玛瑙，把还原气氛控制得恰到好处，淡青色釉面温润如玉，显示出独树一帜的神奇魅力。宋哲宗元祐元年（1086 年）汝瓷成为宫廷用瓷，她淡淡天青色的和谐色调，满足了宋代上层社会从感官上对颜色的捕捉，迎合了文人雅士们的审美情趣，深受人们的喜

釉三足盘　宋

爱。特别是信奉道教的宋徽宗，崇尚青色，对汝窑器更是爱不释手。

宋代汝窑器达到了"炉火纯青"的境界，是造化遗留给人世最美丽的瑰宝，她凝结着宋代文化的精华，也珍藏着一个时代的记忆，成为后世仰慕追寻的典范。历代名人雅士吟诵汝窑的诗词很多，我举出两首供大家欣赏。

明朝著名画家徐渭在他的《墨芍药》画中题诗：

> 花是扬州种，瓶是汝州窑。
> 注以江东水，春风锁二乔。

清朝孙灏诗云：

> 青瓷上选无雕饰，不是元家始搏埴。
> 名王作贡绍兴年，瓶盏炉球动颜色。
> 官哥配汝非汝侔，声价当时压定州。
> 金盘玉碗世称宝，翻从泥土求精好。
> 窑空烟冷其奈何，野煤春生古原草。

诗人在称赞汝窑瓷器工艺制作精美的同时，也发出了"窑空烟冷其奈何"的感叹。

第二章　汝瓷因地而得名

第一节　源远流长的汝文化

汝州地处中原，是古豫国的发祥地。源远流长的古汝水不仅孕育了多姿多彩的汝文化，还洗练出汝瓷"雨过天晴"般的翠色。《诗经·汝墳》就描绘了汝水两岸如诗如画的风光和勤劳善良的人民：

> 遵彼汝墳，伐其条枚。
> 未见君子，惄如调饥。
> 遵彼汝墳，伐其条肄。
> 既见君子，不我遐弃。
> 鲂鱼赪尾，王室如燬。
> 虽则如燬，父母孔迩。

诗歌旋律优美，感情真挚。女主人公沿着绿树成荫河堤，一边砍柴一边唱歌。她看见逆流而上的红尾巴鲂鱼，就想起四处奔波服劳役的丈夫。她思念远方的丈夫，牵挂年迈的父母，痛恨王室的暴政……

汝州东周时为王畿之地，秦属三川郡，西汉置梁县，隋设汝州。宋代的窑口大都以州命名，汝官窑因设于汝州而得名。

第二节　薪火传承的陶瓷文化

汝瓷产于汝州，直接源于汝水流域数千年薪火传承的陶瓷文化。迄今在汝州境内发现和发掘的文化遗址计23处之多。

张湾遗址：汝州古代勤劳智慧的先人们在旧石器时代就会磨削制造各种生产工具，如尖状器、刮削器、砍砸器等，这是在寄料乡郭沟村张湾遗址发现的。河南省文物考古队鉴定，此文化遗址早于陕西蓝田人，距今有100万年。

槐树尹遗址：距今8000年的槐树尹遗址中不仅发现有大量的石器，还有陶器，多是泥质灰陶和泥质红陶，大都采用泥条盘筑成型，遗物标本还可以看到用石棒做打磨工具，将陶器磨光，陶器上还有篦点纹、划线和乳丁纹等装饰图案，烧制火候较低，此遗址文化性质属于新石器时代裴李岗文化。

中山寨遗址：1978年洛阳博物馆在中山寨遗址进行科学发掘，收集的遗物石器有锯齿镰、石磨棒、石磨盘、方形石铲、石斧、石凿、石镞等。陶器有夹砂红陶、黑陶和灰陶，烧制火候较小，质地较硬，造型有三足钵、平底壶、尖底瓶、折沿彩陶盒、敞口钵、器盖、大口缸、尖底釜形鼎、高柄镂孔豆、黑陶罐形鼎等，多用手制，器口用转轮修饰，还有施白衣的彩陶片。其文化内涵大致属于裴李岗文化向仰韶文化过渡的文化遗址。此遗址在纸坊乡中山东寨，在市区东7.5公里处。

神德宫遗址：此遗址位于市区东北18公里的焦村乡

安沟水库大坝前，黄涧河西岸的一台地上，遗址采集的遗物有石器、陶器两大类。陶器有泥质红陶、夹砂红陶和泥质灰陶，陶质较纯、质地较硬，器物为手制和慢轮制，器表多数有拍印和刮削痕，器物的腹部附加堆纹。造型有直口折腹平底钵、彩陶盆、折腹罐、罐形鼎等。石器石斧、石铲、石镞。经多次调查，神德宫遗址属仰韶彩陶文化范围。

1978 年，汝州市纸坊乡阎村出土的一件鹳鱼石斧陶缸，堪称是仰韶彩陶文化的典范。这只陶缸属夹砂红陶，高47、口径32.7 厘米，敞口、圆唇、深腹，口沿下有 6 个对称的鼻纽，腹部一面绘有《鹳鱼石斧图》占缸总面积的二分之一，图的内容分两部分，一部分画一支鹳衔一条大鱼，另一部分画直竖的木柄上端用绳索捆绑一个石斧。鹳为水鸟，体形丰满，昂首挺立，圆眸环视，嘴里叼一尾大鱼，形态逼真，古朴优美。另一部分画着一把石斧，木柄的上端凿有 4 个圆孔，以便穿绳固定，整个木柄粗壮有力。整幅图画生动地表现了汝水先民渔猎农耕生活的场景，具有浓郁的汝文化气息。《鹳鱼石斧图》是我国迄今为止发现最早、最大、最原始的一幅彩陶

鹳鱼石斧图陶缸

画。它构图完整、表现力强、主题新颖、思想丰富、内涵深远。它的发现给中国美术史增添了无限的光彩，有历史学家认为这是权力的象征，有人则论说它是中国画的鼻祖。《中国文物鉴赏辞典》称《鹳鱼石斧图》彩陶缸充满神秘的气氛，这在新石器时代的陶瓷中甚为罕见，是一件不可多得的文物。现在珍藏在中国国家博物馆，定为全国64件不可移动的珍贵文物。

龙山文化：我市的龙山文化遗址有多处，其中较为典型的遗址有两处：大张遗址、煤山遗址。

大张遗址：大张遗址位于市区西北7.5公里处的大张村，1959年在此修水库时发现。河南省文物工作队在遗址上进行了发掘，列为省级重点文物保护单位。遗址的遗物有石器和陶器。石器有石斧、石凿、石镞。

陶器以夹砂红陶和泥质红陶为主，也有少量黑陶。陶土较纯净，烧制火候高，质地坚硬，纹饰仅见线纹、弦纹、附加堆纹，彩绘有S纹、弧形三角纹等，造型有束腰杯、堆纹花边器皿、条纹缸、灰陶钵、器物规整、器壁较薄，均为轮制。此遗址文物性质属于仰韶文化晚期，龙山文化早期，属于过渡期的文化遗存。

煤山遗址：煤山遗址位于市区内西环路内侧，1970年和1975年中国社会科学院考古研究所和洛阳市博物馆对遗址先后进行科学发掘，经鉴定为夏代早期，文化性质为龙山文化晚期，距今4500年左右，为研究我国第一个奴隶制社会的建立及夏人活动范围有重要价值。采集到的遗物有石斧、石凿、石刀，通身磨光，多有钻孔，还发现少见的玉戈、玉铲等。陶器均是黑色，火候较高，器壁较薄，快轮制作，极为工整，有夹砂陶和泥质陶两种，夹砂陶多为炊具，有罐形鼎，装饰多为方格纹、篮纹。泥质陶多为篮纹高领罐、甑、敞口碗、深腹瓠等。还发现大量的骨箭镞、骨锥、骨笄、陶纺轮等。

这些文化遗存表现了汝州先民的聪明智慧，我们从中可以看到汝水流域制陶技术的进步和发展的过程。在此意义上，这些文化遗存不仅是汝州陶瓷文化的源头，也是我国陶瓷文化的宝贵遗产。绵延不绝的制陶技艺为后世汝州陶瓷发展奠定了坚实的技术基础。

第三节　得天独厚的自然资源

宋时汝州下辖梁县（今汝州）、襄城、鲁山县、郏县、叶县五个县区。现在的大营镇清凉寺在当时梁县区域内。宋哲宗元祐年间，在清凉寺设巡检司，专管坑冶（即地矿管理），因这里盛产玛瑙，宝货兴发，政和初年定为“兴宝镇”，宣和二年（公元 1120 年）因有冶铸场（炼铜）又改名“宝丰”。整个汝州都属于半丘陵地貌，中间贯穿着汝河和它的支流。这些丘陵蕴藏着丰富的黄长石、白长石、黑长石、方解石、石灰石、石英、玛瑙、黄金土。更有百里煤海之称的煤炭矿藏，还有山坡上的柞木、栗木、灌木林为窑冶提供了充足的燃料。这里一年四季分明，属亚热带气候，非常适宜烧制陶瓷，所以从新石器时代起，这里就有制陶的生产，汝州出土的鹳鱼石斧陶缸就足以说明这一点。到了宋代汝河两岸窑炉林立，汝窑、耀州窑、钧窑的器物都有生产，曾有传说称：“严和（汝州蟒川乡的汝窑遗址）到段店（鲁山县汝窑遗址），天天见万万”，可见当地的民窑作坊规模之大、产量之高。

漫漫的历史长河，复杂的地壳变动，造就了汝州山峦起伏，沟壑纵横的自然景观。汝州市地处中原腹地，北靠嵩山，南依伏牛。汝河自西向东横贯全城形成两山夹一川的槽形地带。地理总趋势呈西北高，东南低，西部最高岖山海拔 1165.8 米，东南部的路寨仅 145 米。

汝州气候属暖温带大陆性气候，冬冷夏热，四季分明，春季风和日丽，夏季温热多雨，秋季秋高气爽，冬季干燥寒冷，年平均温度 14.2℃。

汝州地域西高东低，与嵩山落差 1000 多米，每遇南下冷空气过境，在南移过程中受到伏牛山阻挡抬升，一部分气流南移，一部分气流又从高山向北回流形成气候回流。另外，汝州处在干湿区与多温区的过渡带内，一年四季没有东北大风，气温变化幅度相对稳定。这些独特的气候环境，给汝瓷的烧造生产提供了极为有利的自然条件。

汝州古汝窑遗址大部分在蟒川河上游，大峪黄涧河两岸，据考查，这里自古以来，森林茂密，山青水秀，有着极为丰富的制瓷原料和采伐不尽的木柴燃料。流淌的小溪提供了无尽的泉水，加上特有的地理环境，形成汝瓷丰厚的烧造资源。

第四节　北宋特殊的政治背景

宋代皇室把汝州作为京畿重地，官员们的升迁和中央官员的下派，汝州成为重要的候选之地。变法失败的宰相富弼，为避风头到汝州疗养，兼任汝州通判。他把在朝廷未了的心愿在汝州了结，进行了一系列改革，促进了汝州经济的发展。大学士苏辙贬为汝州知府，才有了后来郏县的三苏墓地，理学家程颢在汝州监管税务，翰林学士杨忆任过汝州知州，吕端任宰相前为汝州司户，尚书左丞蒲宗孟曾任汝州知州，宰相毕士安曾监汝州稻田务。这些文人学士由于对汝瓷的偏爱，不免对汝窑工匠们提出了更高的要求。全国各地的优质瓷器也通过他们介绍给汝州的工匠们，成为汝州工匠们学习的样品，促使汝瓷的烧制技艺达到了相当高的水平。

第三章　汝窑的发展历史

第一节　汝窑的兴起

西汉、东汉到唐，汝州的陶瓷工匠们都进行着陶瓷生产。公元960年，宋太祖赵匡胤建立了宋朝，结束了五代十国封建割据的混乱局面，政治上得到了统一，经济上得到了恢复。特别是宋太祖和宋高宗在位期间提倡农户耕垦，推广各种谷物品种，减轻赋税，广大人民安居乐业，生产积极性大大提高，人民生活得到改善，需求发生了变化，与人们生活密切相关的手工业，特别是制瓷业得到了突飞猛进的发展。中国陶瓷史上的五大名窑和八大窑系就是在宋代形成的。

第二节　汝窑的发展阶段

北宋中期（1023～1085年）60年间是汝瓷的发展阶段，此时汝州境内窑场遍布，烟囱林立，窑烟四起，瓷器的品种由黑白瓷为主逐渐演变为青瓷为主，窑工们在生产实践中对原料进行精选，为了减少通风，对窑炉进行改造，由煤烧变为柴烧，不断提高产品质量。并且开始对釉面进行刻花装饰，产品品种逐渐增多，工艺逐渐成熟，制作精细，清凉寺已经出现支钉支烧，但支钉粗壮。

这时期的汝窑遗址仅被省市级以上文物保护单位认定的就有 43 处。较大瓷区有严和店汝窑区，包括轧花沟村、大堰头、苇子园、缸窑、唐沟、杨沟、陈沟、宋庵、罗圈、桃木沟、寺沟、瓦石桥沟、张村、下郝沟、大堰沟、东梨园、兰沟、窑洞、蜈蚣山、下任村、戴湾等 26 个汝窑场为宋代早期遗址，此窑址南至焦古山，西至寄料镇，东南至大营清凉寺、梁洼、段店方圆 300 里，漫山遍野窑场连接，规模空前。当地多生产豆绿釉刻花、印花器皿，也有一些天蓝釉、天青釉、月白釉、黑釉、白釉、棕红釉瓷器。

大营清凉寺汝窑区，距汝州市城西 25 公里，该地区隶属汝州管辖。1933 年划归宝丰县，该窑址产品以天青为主，窑址附近有玛瑙矿，釉入玛瑙末非常名贵。此窑区还有韩庄、魏庄、张八桥、上李庄四座汝窑遗址，韩庄以豆绿釉汝瓷为主，魏庄、张八桥以白釉为主，上李庄以天青釉和豆绿釉为主，兼烧黑釉和宋三彩。

清凉寺窑址马蹄形窑炉

　　段店、梁洼生产区，位于鲁山县城北 9 公里的梁洼乡，包括段店、白象店、桃花店、梁洼四座古窑址，是从唐代中叶即已盛行的窑场，以生产黑底蓝白花的花釉器为主，也有酱色柿叶红釉、茶叶末釉瓷器。

　　汝河以北瓷窑区，包括汝州城内及城郊生产区，所见窑址大都是在开挖建筑地基时发现的，有城东的段家场，东大的张公巷口，塔寺的下马堂，南关的准醍庵，西大的南禅寺，望嵩的桑园，老二门后火神庙的赵家园，汝州文庙等。只要有盖房挖地基都会出瓷片，可想而知，汝州城就是个古代的大瓷区，主要汝瓷品种有天青、天蓝、豆绿刻花等，作工比清凉寺还要细致、精巧。据说宋时官方曾在汝州东门里茶院设有窑司。

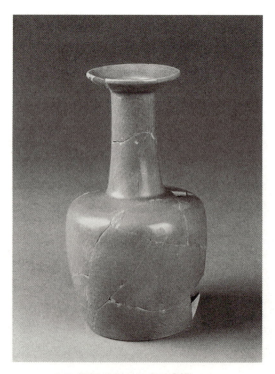

张公巷遗址出土盘口折肩瓶（宋）

汝州大峪乡汝窑生产区，该窑区为于大峪乡嵩箕山西侧，东侧为神垕镇是钧瓷生产基地，南侧的郏县黄道乡是汝窑的又一生产区。

大峪东沟生产区，我在考察时当地群众传说："东沟到黄窑，七十二座汝瓷窑。"该区包括 14 个较大窑场，有东沟、黄窑、龙王、大泉、斑庄、河东、棉花窑、吴家窑、大碗沟、武家窑、陈家庄、杨窑、焦村、何堂。该瓷区规模可观，产品以天蓝较多，天青、粉青、豆绿、月白也都有生产，釉面挂红彩也居多。釉层浑厚，汁水莹润。我厂曾收购这里一个鸡心碗，工艺精湛、胎体薄而坚实、声音如洪钟，釉色滋润纯粹，该窑区历年来受到国家文物部门和故宫博物院专家们的重视，周仁、冯先铭、叶喆民、耿宝昌等全国著名陶瓷专家都来考察过。我们在研究恢复汝瓷天蓝釉期间也多次来这里考察采集这里的古瓷片和原料。1983 年汝瓷天蓝釉研究恢复成功，邀请全国 24 位古陶瓷专家来汝州参加鉴定会，会上叶喆民教授挥笔赋诗一首：

> 宋瓷青器汝窑先，玛瑙为釉古相传。
> 裹足支烧青色浅，纹足蟹爪宝光含。
> 当世已称不易得，清初高艺仿犹难。
> 而今临汝新成品，百尺竿头拭目观。
> 漫道汝钧不可分，神前神后地毗邻。
> 天青釉色虽相近，各有千秋自超群。
> 亦见青瓷似耀州，花纹釉质岂同论。
> 历来名窑多品种，独具风格无比伦。

诗中对大峪瓷区的风格特点的描绘非常形象生动。

郏县黄道汝瓷生产区，窑区位于郏县西北 10 公里的黄道乡，早在唐中叶这里就已盛产瓷器，也因为这里有一个石碱矿，储量丰富、质量上乘，而促使了瓷业的发展。产品釉色有天蓝、月白仿汝，也有紫红仿钧，尤以花釉白斑缸著称。

该窑区以及五道窑庙遗址、渴主沟遗址，都为宋、金、元时期的遗址，多生产日用瓷，兼烧钧瓷。

第三节　汝窑的鼎盛阶段

从1086年经历徽宗时期，汝窑发展到鼎盛阶段。汝窑工匠不断总结经验，按照他们朴素的美学理念，把坯体做到薄而精细，造型做到简洁流畅刚劲有力。在釉料配制中加入玛瑙，提高釉面质量，为便于烧好还原气氛，把大马蹄形窑炉改进成椭圆形连体窑，把匣钵涂上厚厚的耐火泥，增加保温，把汝瓷的釉面烧得温润如玉。成形手段均以拉坯轮制，且还用模具规范。支钉用高质量瓷土做的又尖又小，图案装饰方法多样，刻、划、剔并用，动物造型龙、狮子、鸳鸯等形象栩栩如生。图案装饰方法多样，莲纹、龙纹、祥云纹、鱼纹、兽面纹等做到实用与观赏的完美结合成为北宋宫廷御用品，被誉为"汝窑为魁"。

《中国陶瓷史》说，汝窑把传统的青釉瓷器提升到一个新的高峰，对以后青釉系瓷器的发展产生巨大影响。这种影响不仅表现在釉色、造型和装烧方式上，更重要的是汝窑的出现改变了人们对瓷器传统的审美习惯，人们不再一味追求瓷器的外表，转而更加追求器物内在的韵味和意境。它上承青色瓷的精粹，下启官窑之先河。制作工艺精湛，造型庄重而秀美。釉面雅静而内蕴，布满蟹爪纹或鱼鳞纹，美若天成、质如碧玉、色似青天、美不胜收。

第四节 汝窑的衰落

金代、元代，大约在北宋后期（1125～1127 年）靖康之变金元攻宋，战事连绵，汝州遭受极大摧残，人亡艺绝，部分能工巧匠随宋室南迁，汝窑技艺荒废失传。总共为宫廷烧制 40 年（1086～1127 年）。

1279 年元灭了金和南宋后战事平息，由于蒙古族生活习惯的影响，又生产的汝瓷已是胎厚粗笨，施半釉，品种也只有几种简单的日用瓷了。

第五节 汝窑的恢复

20 世纪 50 年代周恩来总理提出，恢复祖国文化遗产，国家轻工部下达了"尽快恢复历史名窑"的指示。临汝县汝瓷厂郭遂师傅领导的试验小组从豆绿釉的研究恢复开始，到 1969 年把豆绿釉研究恢复成功，一件豆绿釉透花花盆送到人民大会堂河南厅。

1983 年，汝州市工艺美术汝瓷厂接受了河南省科委下达的恢复汝瓷天蓝釉的科研项目。我和郭遂师傅把天蓝釉研究成功，鉴定会上专家们一致提出你们要把真正宫廷使用的汝瓷恢复起来。通过对全县古窑址的考察，从 1984 年开始，我们在北京故宫博物院的领导和专家们的帮助下，在轻工部科学研究院、北京科技大学、中央工艺美院的教授专家们的指导和帮助下，经过四年攻关，终于把汝官瓷研究恢复成功，通过了轻工部科学研究院和河南省科委共同主持的汝官瓷技术鉴定会，汝瓷技艺得以全面恢复成功。

第四章　汝窑器（汝官瓷）的艺术特点分析

　　宋代以来的汝窑传世品不多，但件件都是精品，1987年以来河南省文物考古研究所对清凉寺汝官窑遗址进行考古发掘，出土的汝官瓷与传世品一样，造型典雅秀丽，庄重古朴，颇具宋代风采。就汝官瓷的釉色而言，有月白、豆青、卵青、天青、粉青、天蓝。釉质极其滋润。釉面的片纹有冰裂纹、鱼鳞纹、蝉翼纹、蟹爪纹、网络纹、鱼子纹、柳条纹，也有无纹者。这种单色的素净的美更显得清淡高雅，具有极高的艺术风尚和雅趣。汝窑产品土质细腻，胎骨坚硬，釉中含玛瑙末，釉面温润含蓄，光亮而不刺目，釉色润泽。釉层莹厚如堆脂。在装饰工艺上有少数刻花和划花装饰，还有龙体和鸟兽等装饰。汝窑发挥了隋唐釉下刻、划和堆、雕工艺传统，还借鉴了定窑的印花技术，又学习了南方越窑烧还原火的技术，集众家之长，创造了具有时代特征的独特风格，成为中原地区的重要窑口之一，在中国古代陶瓷史上独树一帜。

　　汝窑是中国古瓷窑里具有传奇色彩的窑口之一。北宋后期烧制的汝窑器受到上自皇家下至藏家的喜爱，它的魅力让宋以来历代皇帝尤其是清代的雍正、乾隆二位皇帝那么着迷。孜孜不倦地追求汝窑那种优雅和谐的天青。收藏家们把它视若拱璧，世世代代孜孜不倦地追捧它称赞它，就是因为汝窑工匠们朴素平易的美学理念在作品上体现出的那种静谧的美。这种美是含蓄的、内敛的美，有着持久的魅力和无限的韵味，是民族精神和大自然之美的融合，具有无比丰厚的文化张力。

《中国陶瓷史》说，汝窑把铁的还原烧到了极致，它把传统的青釉系瓷器提升到一个新的高峰，具有里程碑的意义，对以后青釉系瓷器的发展产生了巨大影响。这种影响不仅表现在釉色、造型和装烧方式上，更重要的是汝窑的出现改变了人们对瓷器的传统审美习惯，不再一味地追求瓷器外部的表现形式，转而更加讲求器物内在的韵味和意境，从而达到一个审美的新境界。

一　汝窑器的呈色

汝窑以青瓷制胜，汝窑器的釉色多是纯正的天青色，有"雨过天晴云破处"之美誉，也有天蓝、粉青、卵青、月白、青绿等，概括地说都离不开淡淡的天青色，汝窑的青色是靠原料里所含的三氧化二铁在还原气氛的窑炉里窑变烧成的，我们汝州含微量三氧化二铁的原料有黄金土、黑长石，都呈黄色（铁锈的颜色），加入釉料中磨细以后，严格控制窑炉里进空气的量，窑炉里的气体经分析得知氧含量不得超过1%，所以烧窑时要在火道上加装一块钢板，阻止烟囱的抽力，使窑炉缺氧呈还原气氛。无论古代用煤烧，用柴烧，还是现在用天然气烧、液化气烧，都是碳在燃烧，因为燃烧时缺氧，窑炉就产生一氧化碳。一氧化碳是还原剂，从三氧化二铁中夺取一个氧原子，使釉料里的

汝瓷龙首八棱杯 宋

三氧化二铁缺少一个氧，就变成了氧化亚铁，和玛瑙长石熔在一起，生成硅酸亚铁呈青色。一氧化碳得到一个氧，变成了二氧化碳（$Fe_2O_3 + CO = 2F_eO + CO_2\uparrow$）。

二 釉下气泡寥若晨星

二氧化碳是气体，不再参加反应，距釉面近的二氧化碳冲出釉面，留下一个个很小的开口泡形痕迹，就像梨皮上突起的斑斑点点，这就是汝瓷的一个特点，叫梨皮。还有一部分二氧化碳在釉的中、下部熔融过程中形成了很黏的玻璃液体，把二氧化碳封闭在里面，用高倍放大镜观察，一个个二氧化碳气泡，闪闪发光，如果止火后还有一段保温期，釉液仍呈软化状态，小气泡就移动汇聚成大气泡，气泡由小变大，由多变少，釉下气泡显得大而稀疏，就为寥若晨星。反之，止火后缺乏保温快速冷却，釉层固化快，气泡不能移动，气泡就小而密集。

三　汝窑器的开片

在烧瓷过程中，泥料和釉料都要收缩，但泥、釉料收缩不一致（坯釉膨胀系数差），造成釉面出现裂纹，特别是在开窑时打开窑门，产品受冷急骤收缩，发出叮当叮当开片的响声，而且这种开片随着时间的推移还会继续进行，且越开越小。

宋代对汝瓷宫廷用瓷的称谓叫汝窑器，它的最朴素的装饰就是开片，片纹的形状有：冰裂纹、鱼鳞纹、蝉翼纹、柳条纹、蟹爪纹、网络纹、鱼子纹等等，其中冰裂纹、鱼鳞纹、蝉翼纹最为漂亮，它们的片纹呈圆形的斜开片层层叠叠美不胜收。人们的视角看它呈翘起的状态，但手感仍是光滑的，每欣赏到一件这样的瓷器真是叫人爱不释手，乐趣无穷。

多年来的研究实践证明：釉面的开片都是因为坯釉在烧制过程中经历了膨胀、收缩，但不一致，釉层冷却固化后，受到坯胎的伸拉和应力，造成了釉裂开片。

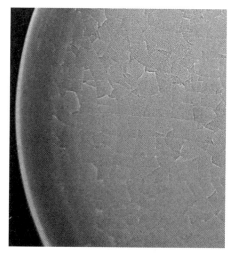

汝瓷开片——蝉翼纹

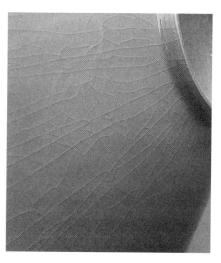

汝瓷开片——柳条纹

1. 如果釉层的收缩小于坯胎的收缩（釉的膨胀系数小于坯），坯的收缩大于釉，釉就容易产生圆圈状的裂纹，甚至引起釉层的剥落，这个膨胀系数非常微妙，恰到好处就开圆片，釉层厚（2毫米）就形成冰裂状，釉层一般厚（1.5~1毫米）就开鱼鳞片，釉层薄（1毫米以下）就开蝉翼纹。如果坯体收缩过大，釉层就离开瓷胎剥脱，抚摸挂手，即为残品。

2. 如果釉的膨胀系数大于坯（釉收缩的多）釉面就形成网络纹、鱼子纹（因釉层厚度影响网纹的大小不同）。

3. 坯、釉膨胀系数比较接近，收缩差很小，片纹就细小，像螃蟹腿上的小毛毛，就叫蟹爪纹。

4. 手拉坯泥料的颗粒，随着转轮和拉泥的方向排列，在烧成收缩中受其坯体颗粒排列方向的影响，产生的片纹呈有序的直线条形态，这种片纹叫柳条纹。

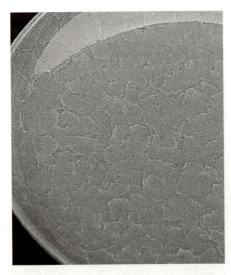

汝瓷开片——鱼鳞纹

汝瓷开片——网络纹

四　汝窑器的声音

　　和其他瓷器相比，汝窑器的声音比较短，它产生的原因，要从我国陶瓷的发展阶段说起。早在距今 6000 年以前的新石器时代，我们古代的劳动人民发明了制陶（红陶，黑陶，彩陶，硬质陶），在制陶工艺取得辉煌成就的基础上，到距今 3000 年的商、周时期又发明了釉陶，即原始瓷，但釉层很薄，不美观，又经过 1000 年的过渡，技术更加成熟，我国古代的窑工们，精选原料，改进窑炉，提高烧成温度，遂在汉、三国、魏、晋时期完成了陶向瓷的过渡，成为世界上最早发明瓷器的国家。

　　从汉魏以至北宋，窑工们把釉层加厚，釉层厚度由 0.01 毫米增加到 0.1 毫米，烧出了光润的釉面，但胎体还不够致密（还不知道在胎体里加熔剂）。据专家们测试，宋代汝窑器的胎，吸水率高达 17%，未完全瓷化，空隙大，胎质处于生烧或半生烧状态，所以声音很短，这时南方的瓷器，坯体因引入了瓷石，坯胎就含有了熔剂，瓷胎比较瓷化，呈半透明状态，声音悠长清脆。

　　这里还需要探讨的是，后周时期柴荣所建的柴窑，据《归田集》明刻本卷十一第 12 页记载《汝窑花觚》说："柴氏窑色如天，声如磬，世所稀有，得其碎者，以金饰为器。"因见不到柴窑传世品，《归田集》的记载无可考证，从收藏宋代汝窑器的目的出发，追究汝窑器的声音短是应该的，若站在复仿制的角度上，我认为要做到"薄甚亦难得的高仿瓷"就必须有坚硬的胎体，声音长一点也无可厚非。

五 满釉支烧"芝麻钉"

汝窑器进入北宋宫廷以前，宫廷使用定州白瓷，宋叶真《坦斋笔衡》说："本朝以定州白磁有芒不堪用，遂命汝州造青窑器。"意思是说定州白磁采用覆烧，器皿口沿釉子擦掉，扣在匣钵里烧，因口沿没釉，使用起来有芒，不光滑，而汝窑器则是满釉，用支钉支烧，口、足都有釉，使用时器皿口也光滑，器皿底足也光滑，放在桌子上也不会刮坏桌子，把使用和艺术欣赏完美地结合起来。所以就命汝窑造青窑器入宫做御用品，而弃定用汝。

汝窑器的支钉是用三氧化二铝含量较高的泥土搓制的，它具有高温下承重的能力。把支钉泥先搓成尖尖的锥形，而后再在尖尖的一边捏一扁形，烧后断面酷似芝麻，所以古代记载"芝麻挣针"。装窑前，先把支钉烧熟，根据坯品底足的大小拍个垫饼，在垫饼上粘支钉，多以三、五、七个单数均匀平整地粘在垫饼上，只有水仙盆是六个支钉，待垫饼干燥后，即可支上釉坯入钵待烧。

汝瓷盘上的支钉痕 宋

六　温润如玉

汝窑以烧制青瓷著称，名冠大江南北，享誉海内外，素有青瓷之首，汝窑为魁的称谓，具有极高的艺术风尚。汝窑器的釉面柔和莹润，似玉非玉而胜似玉，给人以无尽的审美情趣，让人爱不释手。它的釉面温润如玉，是其他瓷器所不能超越的。古代汝窑的工匠们为烧出青如天、面如玉的汝瓷，不断对窑炉进行改造，把初创时期的煤烧窑改造成柴烧窑，减少窑炉通风，增加窑炉一氧化碳气氛，促成氧化铁充分地还原，到发展阶段又在窑炉周围垒上围墙，围墙与窑炉之间填满土，既减少空气流通，又保温，到了汝窑成熟阶段他们又把窑炉改建成椭圆形连体窑，还把匣钵上涂上厚厚的耐火泥，促使冷却阶段保温，使釉在慢冷的结晶阶段，产生更多的钙长石晶体。短针状的钙长石结晶以杂乱取向的方式，均匀地分布在釉层中，对光的射入、扩散和反射都产生影响，把釉面的镜面反射变成漫反射，使釉面产生丝绢的光泽、玉石的润泽，早在1988年轻工业部科学研究院李国桢教授和上海硅研所郭演仪研究员合著的《中国名瓷工艺基础》中就说，鉴测到汝瓷古瓷片釉中的钙长石结晶，占釉体积的一半。中国科技大学王昌燧、冯敏教授说，经多块汝窑古瓷片的观察，钙长石结晶越多釉面越温润，青蓝色也越浓重。

汝瓷天青釉乳浊化机理分析

汝窑器高雅素净，幽玄静谧的质感，具有极高的艺术品格和雅趣，这种质感的形成与釉的乳浊化是分不开的。

汝瓷胎釉之间过渡层中化学成分的变化，使其中存在着"结晶带"和"气泡带"，气泡带的产生与釉层和过渡层之间的黏度有关，过渡层的黏度小于釉液的黏度，气泡在其中易于扩散，而进入过渡层与釉液之间便形成了"气泡带"。较低的烧制温度和缓慢的冷却过程中伴有大量的钙长石结晶析出，从而形成了"结晶带"。"气泡带"和"结晶带"的存在是汝瓷釉形成乳浊化的重要条件。

参考文献

［1］李国桢、郭演仪著：《中国名瓷工艺基础》，上海科技出版社。

［2］冯敏等：《汝瓷及其仿制品微观结构的初步研究》，《中国古陶瓷研究》第八辑，紫禁城出版社。

第五章 汝窑器的器形和制作

一 汝窑器的器形

根据 1987~2000 年河南省文物考古研究所对宝丰清凉寺汝窑遗址考古发掘发现，出土汝窑器的造型比传世汝窑器丰富得多，有碗、盘、洗、套盒、瓶、器盖、盆、盏、盏托、碟、钵、壶、熏炉、樽、杯、罐、盒，动物有龙、狮子、麒麟、鸳鸯、鸭等。

碗是出土瓷器中最多的器物，有莲口碗、葵口碗、直口碗、撇口碗等，直圈足，有轮制（手拉坯）有模制。轮制后的碗再用模印制出莲瓣纹等图案。有垫烧也有满釉支烧的。

盘皆模制，以满釉支烧为主，也有垫烧，多为高足撇口。盘有圈足盘、平底盘、平口盘和隐圈足盘。

洗类造型有莲瓣口洗、板沿洗、圈足洗、平底洗、花式口洗、隐圈足洗、三足洗等。

套盒有六方委角套盒，模制，子母口。满釉支烧，支烧点常见于盒外底部，盒底着地面上 3 个横置的支钉痕（线钉）。四方委角套盒，模制，子母口，盒底着地面无釉，垫烧。

瓶的类型较多而且大小不一。有梅瓶、盘口折肩瓶、细颈瓶、鹅颈瓶（腹部有折枝莲花纹）、弦纹瓶、八棱瓶、玉壶春瓶，高圈足略外撇，鹅颈瓶有刻花和素面两种。

器盖品种繁多，有碗形器盖、带捉手器盖、杯形器盖、方形器盖、镂空形器盖、动物形器盖（鸳鸯、盘龙、狮体、鸭形等）。这几种动物造型都采用分段模制后粘贴而成。一般是盖身呈莲蓬状，盖顶卧一鸳鸯、鸭，盖面一盘龙或一蹲狮。

盆类有水仙盆、敞口盆、唇口盆、板沿盆。

盏类有敞口盏、敛口盏、直口盏。

盏托有板沿盏托、圆盘盏托、花盘式盏托、盘形盏托。

钵有敞口钵、敛口钵，器表模印水波纹，器表模印三层莲，内底模印盘龙纹。

壶类有方壶、圆壶、执壶、仿青铜器。

炉类有子母口熏炉，分段模制粘接而成，垫烧、敞口三足炉支钉支烧。

樽，轮制，弦纹尊。

捧盒、罐等。

汝窑瓷的造型独具风姿，以古朴典雅、端庄秀丽为时尚，器形线条简洁流畅，大小适中胖瘦得体，恰到好处，各种器物都蕴含着阴柔与阳刚之内涵，体现了追求韵味的审美情趣。

二　清凉寺发现的宋代陶瓷模具

在发掘清凉寺汝窑遗址中也出土了宋代制瓷的模具。我曾见到一尊雄狮原始造型和一个母狮模具。原始造型和模具都是泥塑制作的，这说明了北宋时期陶瓷生产中还没有使用石膏做模具。

这尊原始造型的雄狮只剩上半身，但它把整个时代丰富的寓意和灵性，生动地体现了出来。在雕刻工艺上非常讲究，结合圆雕、浮雕、线雕三种雕刻手法自然混用，工艺雕刻水平精良细腻，表情和体态的表现细致生动。特别是雄狮的卷鬃线条尤为圆润流畅。由于泥料干燥收缩出现了裂缝，可以清晰地看到在雕塑过程中卷鬃另有模具。一条条卷鬃由模具贴片做好后再粘贴在狮子头上，这样节省了卷鬃的雕塑功夫，而且还可以做到每层卷鬃大小一致，排列匀称。该雄狮的造型不是张口瞪目，而是合口圆眼，稳重雄健的形象，更给人以威武挺拔的气势，非常传神。断裂处可以看到它是实体泥塑，且塑坯干燥后烧成瓷体备做模具用。

母狮模具是用泥块在原始造型上拍拓下来的，而且是烧成瓷质的。我用泥块从模具中拓出这只母狮，整个造型让我感动不已，母狮的形象和神态把慈祥温顺的母爱表现得淋漓尽致。我的旅游经历不多，但强烈的职

卷鬃大小一致排列均匀

稳重雄健的雄狮

母狮把幼狮揽在怀里

业意识，让我每到一地，见到石狮或商店摆设的瓷狮造型都会仔细观看，那些造型基本上都是雄狮一脚踩绣球，雌狮一脚踩幼狮，幼狮有蹲式，有仰式。而这只母狮则是将幼狮揽在怀内，幼狮趴在妈妈怀里，仰脸外眺，那种享受母爱的顽皮神情，活灵活现，把生命的意义和人文的精神生动地表现出来。这种亲近自然，亲近人情的雕塑意境，实在让人回味无穷。

参考文献

河南省文物考古研究所编著：《汝窑与张公巷出土瓷器》，北京科学出版社，2009 年。

第六章　汝瓷收藏

　　汝窑以生产青瓷著称，博得青瓷之首，汝窑为魁之赞誉，它的艺术魅力受到宋以来历代上自皇家下至藏家的喜爱，把它视若拱璧，世世代代，孜孜不倦地追捧它。但历史的原因烧制时间短，只有 40 年（1085～1126 年），汝瓷传世品太少了。南宋人周辉《清波杂志》云："汝窑宫中禁烧，内有玛瑙为釉，唯供御拣退方许出卖，近尤难得。"南宋人已有近尤难得之叹，给汝窑器的收藏带来很大的难度。河南省文物考古研究所自 1987 年至 2000 年对汝窑古窑址 12 次的考古挖掘发现，汝瓷神秘的面纱被揭开，"汝窑无大器""汝瓷上选无雕饰"的传统说法，都受到了挑战，有的器物如熏炉等，形态很大，而且表面刻有纹饰的器物都有出土，大大拓宽了人们对汝窑的认识，也为当代汝瓷复仿制工作提供了更宽阔的视野和更充足的参照物。

　　近年来汝窑的恢复和复仿制工作取得了长足的进步，为现代收藏创造了新的机遇，许多仿品对汝窑天青釉和谐的色调和温润含蓄的内涵做得比较到位，具有一定的收藏价值。对现在复仿制品的收藏要做到认真审慎，釉色能体现青中有绿的和谐色调，釉面光泽是光亮而不刺眼，有温润含蓄的韵味。但不是欠烧那种釉面不光滑缺乏韵味呆滞的不刺目。造型能做到简洁流畅且刚劲有力的宋代风格，具有使你爱不释手的魅力，可作为当代藏品。

还有少数藏家，只想收藏宋代汝瓷，更要提高对汝窑器的认识，首先要知道宋代传世品极少，不要有侥幸捡漏的思想，一定要知道藏品的可靠来源，不要轻信造假者编造的故事，千万把握好宋代汝窑器的特点，不可一知半解地认识藏品。

（一）看断面。宋代汝瓷胎质不瓷化比较疏松，泥胎加有木炭粉，烧后有空洞，断面呈直线，不是锯齿状。

（二）宋代汝窑器釉面光滑，手触如丝绢如玉石般润滑，虽是半透明，光亮而不刺目，也不混浊。瓷器釉面光泽要做到不刺眼有三种办法：1. 产品釉烧成熟后，加强冷却阶段保温，使之多生成一些钙长石结晶，把釉的镜面反射变成漫反射，釉面光亮而不刺目，手感如玉石如丝绢。2. 在釉还不很成熟时止火，使釉面呈微欠烧状态，釉面不很光亮也不刺目但手感涩滞。3. 将成熟的釉面用氢氟酸浸泡腐蚀，杀去釉面光泽做旧，手感更涩，有酸的刺鼻气味。

（三）支钉痕不能过白，支钉用手抠不掉，如果长条线钉，一定和产品圈足在同一平面上，而不是后粘上的。

（四）造型规矩，胖瘦得体，具有宋代风格，雕刻图案刀锋犀利，没有多次刻画的痕迹。

（五）釉下气泡，因古代柴烧，产品装在匣钵里烧，升温慢保温好，所以气泡稀疏，不密集。

（六）古代汝窑器用手叩弹声音很短。

希望收藏爱好者，慎之又慎，少交学费，多长见识。汝窑器全世界传世品不足百件，能收藏到宋代真品难上加难，不要有侥幸心理。当今汝瓷大师、汝瓷艺术家的作品也很有艺术价值和收藏价值（特别是获奖作品）。今天的艺术品就是明天的文物，为汝瓷收藏开辟一条新的道路。

下面我介绍几个收藏例子以供参考：

一　我的一个朋友是位医生，喜欢瓷器收藏，有一天他拿一件圆盘找我，说是一个古董商卖给他的，要价两万。他对古董商说，我不懂，要找人看，先付壹万元，看了是真品我再给你付壹万，不是真品，你把这壹万退还给我，古董商同意后走了，他拿来让我看，从盒子取出，我一看这个盘子半面是豆绿色，半面氧化成黄色，芝麻支钉又细小又规矩。我说是民窑产品吧，有支钉，是官窑产品吧，釉色不对，我看支钉那么好，用手摸两下，竟然把支钉摸掉了，原来支钉是用胶粘上的，釉面很光滑粘不牢。我说，你快打电话退给他吧，但是打多天电话联系不上，那人就这样骗走他壹万元。

二　2000 年一个刚刚退休的列车长收购了一个莲花碗，他把碗的上、下、左、右都拍了照片发给我，让我看，此碗釉色天青，碗腹釉泡又大又多，碗底支钉像玉米豆那么大，我给他回信说，这是当今烧坏的残品，不可买，他不相信，又把照片寄给另外一个烧汝瓷的同行，那个同行告诉他可以玩。他心神不定就拿着实物来找我，我告诉他，这是当今烧坏的仿品，应该摔碎。这种碗出现釉泡的现象是因为后火缺乏高火保温，窑烧到高温阶段，釉呈沸腾状态，鼓出很多釉泡，通过高火保温再把釉面熔平，才能止火，否则釉面鼓泡不能平整，只有液化气抽屉窑，不成熟的烧窑工，才会烧出这种釉面，由于火候过高，底釉流淌严重，釉把支钉包住了，支钉敲掉后，就留个大钉痕。古代馒头窑用煤烧、柴烧，升温慢，冷却慢，不会出现这种现象，他顿时肚疼起来，他说他一辈子攒下这 8 万元，买了这个碗，买碗时，那人编的故事还给他念一首诗，大意是"不见真人，云不开，宝物不会献出来。"我为了安慰他，给了他一块瓷片，告诉他再买汝瓷藏品和这块瓷片比对比对。我说你再去找找那个古董商看能否把钱讨回来，他说那人已经死了，就这样他的 8 万元就打水漂了。

三　2001 年郑州一位女士给我打来电话说，你在《工艺美术》杂志封面上登载的一尊熏炉，是不是参照我收藏的这个熏炉做的？我当时莫名其妙，我做的熏炉是参照清凉寺袁海清老师收藏的半个出土熏炉做的，与她毫不相干，她还说："你是工程师，我也是工程师，我是电力工程师。"我让她把她的熏炉拍个照片寄给我，照片寄来后，我看釉色太白，整个造型粗短笨重，根本没有宋瓷秀丽端庄的风格。我打电话告诉她釉色、造型都不对，她想亲自拿来让我看，我说，不必来了，你去郑州博物馆拿给谢凤莲馆长看，过几天她打电话来说，谢馆长不屑一顾就说是假的。也不知她花多少钱买的。

四　2006 年湖北省干休所一位老干部收藏一件汝瓷弦纹尊，照片寄给我，给我写封长信，大大赞赏这件藏品釉色好，造型好，过分地夸赞，我心里不是滋味，既然你那么认定了，何必再找人看？我认为照片上的造型大错，北京故宫博物院传世弦纹尊的口径比底径尺寸只大 1 厘米（18.9～17.8 厘米），整体看是笔直的筒状，而他这照片上的弦纹尊口径过大，呈喇叭状，看起来不舒服，恰到我该写回信了，我因故也没给他回信。

五 有一位古董商拿了一件圆套盒，明显是用刀压成型的，我外甥的同学想买，让我看，古董商说他这件瓷器是笔舔，并且有专家出具的鉴定证书，我看了鉴定证书上专家签名，心想这位专家太掉价了，明明是现代仿品，很好辨认，为何还出这种证书呢？我对古董商说：这个瓷器有刀痕，如果是真品足边上应该有支线钉，你这没有，不可能是真品，竟然还要 80 万。我让我外甥和他同学把古董商拉上去清凉寺找汝瓷鉴定专家，让袁海清老师再看看，袁海清老师说一千元也不值，不能买。

六 2010 年我去郑州住在女儿家，一家银行行长听说我在郑州女儿家，就带 2 件藏品让我看，都是小碗，釉色不错，用放大镜看气泡也很好，但是碗内底有明显注浆成型的痕迹，碗底内有一圈沟痕是注浆泥流入足子的现象，必然是现代小作坊的作品。行长说还没付钱，就不要了。

以上实例使我体会到汝瓷收藏要讲究一票否决，只要有一点可疑就是赝品，不可收藏。

最近茶具市场有一些茶具帖上"汝窑"的标签，甚至贴上"天下第一窑"的标签，说明书不写地址和电话，价格炒的很高。为什么这种造假作品有市场，主要是一部分人追求釉面不刺目。它们的釉面不刺目明显是欠火出现的不刺目，绝不是光亮而不刺目。明《归田集》卷十一《汝窑花觚》"粉翠胎金洁，华腴光暗滋。"华是光泽，腴是釉层浑厚，暗滋就是不刺目又滋润，然而他们这些茶具是毫无光泽的不刺目，使用次数多了，釉面因涩而茶渍难以洗净，毫无一点脂感，绝不是汝州原产地原汁原味的汝窑器。

　　提醒当今汝瓷收藏者即使不能收到宋代的汝瓷，也要收藏真正是汝窑通过铁还原烧出的汝瓷。2006年6月1日汝瓷开始执行原产地保护，希望收藏爱好者一定按保护条例收藏。

第二部分
汝窑的烧制工艺

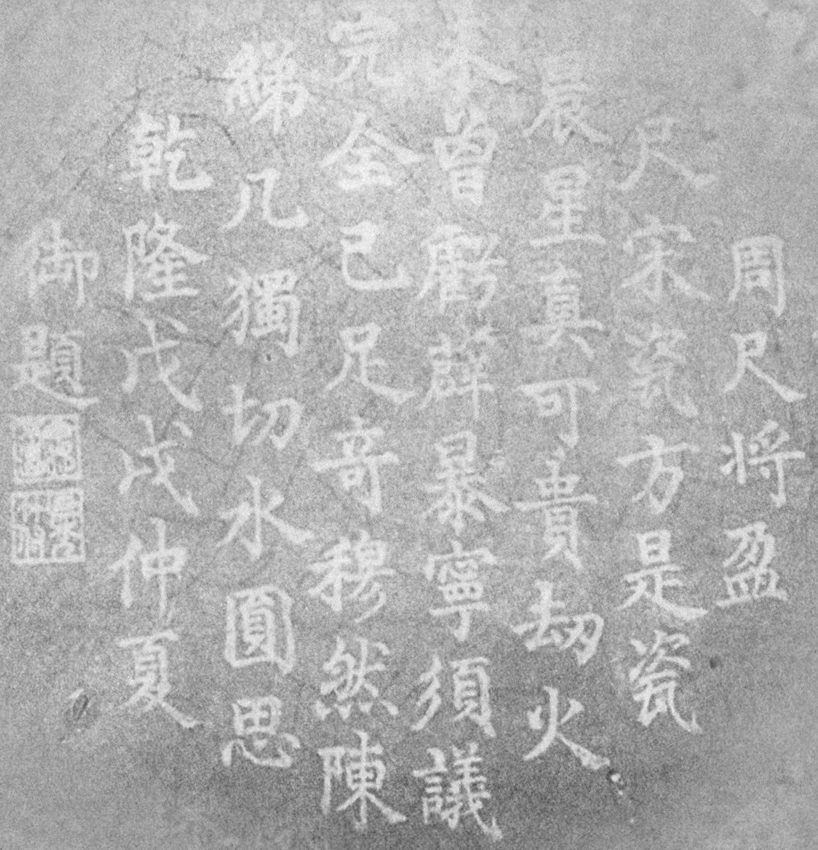

周尺将盈尺宋瓷方是瓷

辰星真可贵劫火须议

泰曾厪辥暴宁须议

完全已足奇穆然陈

罕几独切水圆思

乾隆戊戌仲夏

御题

第一章　汝窑天青釉仿制技术的探讨

一　前　言

汝窑天青釉是北宋时期专为皇室烧制的贡品，称作汝窑器，其艺术特点和艺术价值宋、元、明、清各个时期的文献都有记载。历代文人对它描述赞颂的诗句不胜枚举，其中最集中的描述是"汝窑为魁"。然而在北宋末年，金兵攻宋，汝窑被毁，制作工艺失传。留下的传世品极少，南宋已有"近尤难得"之叹。历代仿烧不绝，但无一成功。

1984年汝州市美术汝瓷厂从考察原料开始，调整泥料、釉料配方，经多次试烧取得成功。后经北京科技大学（原北京钢铁学院）检测证明，仿制汝窑天青釉与宝丰清凉寺出土的宋代汝窑天青釉瓷片相比，宏观上看色调一致，化学成分和物化性质也比较一致。釉面艺术效果得到全国著名陶瓷专家的肯定。1988年通过轻工部鉴定，并投入批量生产。

二 汝窑天青釉仿烧四大因素

汝窑天青釉为什么历代仿烧不绝，但无一成功？关键在于四大因素的配比与控制不当。

1. 使用当地原料，合理地选择配方是汝窑天青釉仿制的首要因素，经等离子光谱分析，汝窑天青釉料中含主要化学元素10种，微量元素28种以上（参见表1）。在烧制过程中，各种元素特别是变价元素互相融合而又互相制约，才使釉面呈现出淡淡的天青色和"汁水莹厚如堆脂"的艺术效果（参见其他几个因素综合分析）。坯料也是如此，经化学分析，胎体中主要元素和微量元素的种类与釉中相近（参见表1），烧成后呈现微微泛红的香灰色，由此可见，精选本地原料是合理选择配方的前提。

2. 控制釉料配方中三氧化二铝的量及引入形式是另一个技术关键，由高岭土引入釉中的 Al_2O_3，具有促进结晶的倾向；而由长石引入的 Al_2O_3 则有助于玻璃相生成。这是由于两种情况下，Al_2O_3 具有不同熔解度所造成的，由

表1 仿汝瓷釉和胎的化学成分

样品 wt%		SiO_2	Al_2O_3	Fe_2O_3	CaO	MgO	K_2O	Na_2O	TiO_2	MnO	P_2O_5
釉	文献[5]	58.27	15.39	2.09	14.19	2.26	4.50	0.24	0.37	0.28	
	宝丰釉	67.27	14.53	1.52	9.43	1.21	3.79	2.01	0.20	0.11	0.31
	仿天青釉	63.51	15.47	1.78	10.62	1.03	6.01	0.16	0.24	0.037	0.5
胎	文献[5]	65.34	27.71	2.20	0.56	0.42	1.86	0.17	1.24		0.10
	宝丰瓷片	64.27	28.35	2.14	1.27	0.48	1.79	0.096	1.32	0.025	0.064
	手拉泥胎	60.35	32.38	1.80	1.96	0.64	1.87	0.13	0.99	0.026	0.041

＊微量元素略。

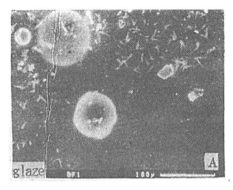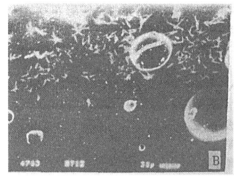

图一 乳浊相的 SEM 形貌 （A）青凉寺出土的汝瓷片 （B）仿汝

此可见，在仿烧过程中不仅要控制釉中 Al_2O_3 的含量；更重要的是匹配 Al_2O_3 的形式，即控制其来源。

3. 控制釉的乳浊效果，古文献中记载，"汝窑以玛瑙末为釉"是有道理的，釉料中加入玛瑙，增加了游离态石英的量，使釉面乳浊，出现乳光，表现出滋润、纯粹、脂感强的艺术特点。又由于因 SiO_2 与玻璃相在冷却过程中膨胀系数的差异，产生应力，便出现蝉翼纹开片和古瓷片相似（同理对不加玛瑙的釉，在釉厚足够时也会出现开片）。

在原料考察中，发现宝丰清凉寺附近有坦露在地面的玛瑙矿，说明汝瓷以玛瑙为釉是就地取材。

4. 控制气氛与最佳烧成曲线是关键中的关键，大量历史资料证明，汝瓷可以柴烧也可以煤烧。在东沟村古窑址附近发现窑渣堆积层里，古窑里有煤灰，而在大峪乡古窑内窑渣堆积层里有木炭，在严和店发现有埋在地表下烧制木炭的土窑。不管是柴烧或煤烧，都必须采用还原焰。煤烧还原剂以 CO 为主，柴烧除 CO 外还有一定量的 H_2 作为还原剂（参见表 2），810℃以上 H_2 的还原能力大于 CO。此外，还要严格控制温度，有一条最佳的烧成曲线。

表2　铁还原氧化的标准自由焓 ［2－4］
Table2. The △G°ofIronReducing—OxidizingReactions

	ChemicalReactions	△G°，KJ/mol
1	$2Fe + O_2 = 2FeO$	—539.092 + 0.12527T
2	$6FeO + O_2 = 2Fe_3O_4$	—572.321 + 0.23263T
3	$4Fe_3O_4 + O_2 = 6Fe_2O_3$	—480.959 + 0.26995T
4	$Fe_3C + CO_2 = 3Fe + 2CO$	255.726—0.06183T
5	$3FeO + 2CO = Fe_3C + CO_2 + 3/2O_2$	552.912—0.12594T

　　烧成中还原过重，则由于 CO 裂解反应，$2CO = C + CO_2$ 在釉面发生碳沉积，产品发暗或有黑点；当还原气氛过弱，或还原过晚，则或 Fe^{3+} 含量过高，或因釉玻化还原困难导致 Fe^{3+} 偏高，产品呈黄色；如果还原适当但保温时降温过程气氛控制不当，使釉中的 Fe^{2+} 重新氧化成 Fe^{3+}，产品亦呈黄色或产生其他缺陷。由此可见，即使前述各因素控制得当，若没有合适的气氛与最终烧成曲线，仿制也是不可能成功的。

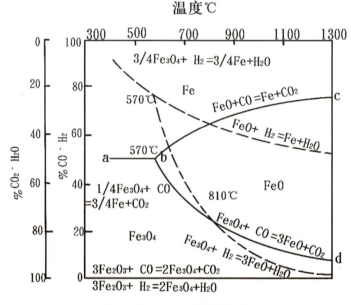

图二　控制气氛和最佳烧成曲线

三 小 结

综上所述，取当地原料，优化配方，恰当的还原气氛，以及与之相匹配的烧成制度，是仿制汝窑天青釉成功的关键。

参考文献

[1] 叶喆民，《中国古陶瓷科学浅说》，轻工出版社，北京（1982）。

[2] 李文超、王俭等，《1989 古陶瓷科学技术国际讨论会》，上海（1989），294。

[3] 库巴谢夫斯基著，邱竹贤译，《冶金热化学》，冶金工业出版社，北京（1985），570。

[4] I Barinetal Thermo chemical Propertieso fInorganic Substance，Spring-er—Verlag，Berlin，NewYork（1977）．

（本文为与北京科技大学李文超合著，原载《景德镇陶瓷》第二卷第四期〔总第 58 期〕，收入本书时略作修改）

第二章 对汝瓷天蓝釉的初步探讨

汝瓷天蓝釉是一种蓝色乳光釉。为宋、元时期汝瓷的主要产品之一。

为了研究和试烧汝窑天蓝釉，我们临汝县工艺美术汝瓷厂，从 1980 年起，在对古代汝瓷天蓝釉瓷片进行测试研究的基础上，曾作了试烧天蓝釉实验，现将汝瓷天蓝釉的测试研究和试烧情况分述于下。

一 汝瓷天蓝釉瓷器的表面特征

1. 造型多为盘、碗、托、洗之类，也有瓶、炉、尊等器皿。

2. 釉色有天蓝、天青、月白三种，釉质柔和、纯粹、滋润，具有幽雅的蓝色光泽。釉面有开放式釉泡形成的棕眼，有显著的流釉迹象，一般底足不施釉，作工比较粗糙。釉层厚度不论哪个时期的天蓝釉都比其他汝瓷的釉厚。

3. 瓷胎，宋、元两个时代都有深灰、浅灰、灰白三种颜色，大部分瓷片的胎釉之间有白色中间层，个别也有看不到中间层的。

元代汝瓷天蓝釉标本分析表

样品和编号		坯　体		釉		吸水率
		色泽	厚度（mm）	色泽	厚度（mm）	（%）
严和店	1	重灰	3.6	天青	1	
	2	浅灰	3.6	天青	0.85	3.95
	3	浅灰	2.7	天蓝	1.20	
	4	浅灰	2.4	天青	0.60	2.88
	平均		3.1		0.91	3.41
桃木沟	1	灰白	4.4	天青	0.95	1.086
	2	浅灰	3.9	天蓝	1.25	3.66
	3	浅灰	3.5	月白	0.65	
	4	浅灰	5.0	月白	1.50	
	平均		4.2		1.09	2.373
大峪	东沟	重灰	3.6	天蓝	1.30	1.05
	河东	浅灰	3.9	天青	1.20	1.04
	平均		3.2		1.25	1.045

　　从表中可以看出天蓝釉器皿施厚釉，与同期瓷器相比吸水率不高，瓷化良好。从釉的流动性和瓷化程度看烧成温度应在1250℃以上。

二　汝瓷天蓝釉的内部结构

　　1. 瓷片在30倍放大镜下观察，釉层断面在阳光下呈现绿色，在室内呈现青色。

　　2. 宋代的天蓝釉瓷片在30倍放大镜下观察釉泡极小，外围层较厚，所以釉泡很难用肉眼看到。元代的天蓝釉瓷片显然因釉的流动性大、玻化程度高，气泡大而稀疏。在30倍放大镜下观察大的气泡有30μm～50μm。天青色的瓷片釉面较为平整，可能是温度稍低一些，30 倍放大镜下观察釉泡均匀密布，一般大小都在 20μm ～ 30μm。月白挂红彩的瓷片釉面平整，木质光泽，在 30 倍放大镜下观察釉泡较小，约有 10μm ～ 20μm，和莫来石结晶混在一起。

3. 坯体瓷化良好，但坯体内有大小不同形状的气孔，这是手拉坯的必然现象。

三 胎釉的化学分析

古代天蓝釉瓷片胎釉化学成分（上海硅酸盐研究所作）

样品成分	SiO_2	$A1_2O_3$	Fe_2O_3	CaO	MgO	P_2O_5	K_2O	Na_2O	TiO_2
釉料	72.67	9.92	1.23	8.76	1.59	0.91	3.65	0.91	
胎料	65.86	25.17	1.97	0.42	0.42	0.10	1.94	0.30	1.30

元代天蓝釉瓷片胎釉化学成分（本厂化验室作）

样品成分	SiO_2	$A1_2O_3$	Fe_2O_3	CaO	MgO	P_2O_5	K_2O	Na_2O
釉料	68.40	9.70	2.04	9.18	0.09	0.52	4.74	0.12
胎料	62.90	25.20	3.20	1.17	0.49			

在实验过程中，上海硅酸盐研究所郭演仪研究员帮助我们作了化学分析。

从胎釉化学分析中可以看出汝瓷天蓝釉属于高硅石灰石釉，坯体含有较高的铝，釉料中氧化铁含量 1% ～ 2.5% 之间，微量的磷和钛也是不可少的。

我厂根据对古代汝瓷天蓝釉器的分析研究，又进行了天蓝釉的试烧，经过数百次试验，于 1983 年初步试验成功，并通过省科委组织的技术鉴定。与会专家一致认为试验品比较接近古代久已失传的汝瓷天蓝釉，其化学成分如下：

试验品胎釉化学成分（上海硅酸盐研究所做）

样品成分	SiO$_2$	Al$_2$O$_3$	Fe$_2$O$_3$	CaO	MgO	P$_2$O$_5$	K$_2$O	Na$_2$O	TiO$_2$
釉料	76.44	7.85	1.14	7.57	0.95	0.44	3.59	1.04	0.30
胎料	63.82	28.90	1.82	0.32	0.44		2.38	0.27	1.57

四　汝瓷天蓝釉的呈色机理

根据化学分析和我们试验的实践证明，氧化铁是呈色的主要因素。

1. 釉料在1000℃高温下因透气性而发生固态的还原反应，随着釉的熔融过程 Fe^{+3} 部分地转变成 Fe^{+2}，釉内 Fe^{+2}/Fe^{+3} 的比值随着 Fe^{+2} 的增长而提高，釉玻璃的青色也随着还原气氛的加重和温度的提高而出现。

2. 据有关青瓷分析资料（见《陶瓷》1964 年第 4 期），釉玻璃中的碱量多，则因铁的作用而获得深蓝色。

3. 随着窑温的升高，釉料逐渐液化，这时窑内仍然保持弱还原气氛，釉料中的 Fe^{+2} 不会发生重新氧化，冷却后釉面封闭，器皿就永远保持蓝青色。

4. 釉玻璃中因硅的含量较高而出现一部分游离态的 SiO$_2$，加之釉料中的 P$_2$O$_5$ 在高温作用下和 CaO 生成 Ca$_3$(PO$_4$)$_2$在釉料中析出，使投射到它们上面的光线作不规则的反射，冲淡了光的散射光束，形成乳浊效果。

5. 汝窑天蓝釉的釉层较厚，使釉玻璃的可见光区变小，按照瑞利定律，散射短光波，使青绿色的釉呈现蓝色。

6. 釉料中 TiO$_2$ 在还原气氛中成灰蓝色的 Ti$_2$O$_3$ 是汝窑天蓝釉呈现灰蓝色的一种因素。

结论:

1. 汝窑天蓝釉的呈色是多种因素为基础的窑变现象。

2. 同种釉料的汝瓷天蓝釉受温度的影响而出现月白、天青、天蓝的不同色泽,温度越高色泽越重。

3. 采用天然矿物原料中所含各种化学元素调制釉料配方烧出的产品,釉质纯粹,温润如玉和精光内含的乳光效果是用任何化学色料所难以达到的。

第三章　汝瓷原料[*]

原料概论

1. 根据原料的工艺特性分为可塑性原料、非可塑性（脊性）原料、熔剂性原料。

2. 根据原料的用途分为坯用原料、釉用原料。

3. 根据矿物组成分为黏土质原料、硅质原料、长石质原料、钙质原料、镁质原料。

一　黏土类原料

黏土类原料主要是指高岭土和黏土。这是制造汝瓷坯体的主要原料，例如：汝州的风穴土、半坡土、唐沟土、黑毛土、宝丰清凉寺的黑甘子、白甘子等。这些土含有较高的三氧化二铝含量和适宜的可塑性。

（一）黏土在使用中存在一些应注意的问题

1. 黏土中的游离石英未风化完全的母岩以较粗的颗粒

---

* 根据原产地保护精神，只讲汝瓷用原料。

混在黏土中，对黏土的可塑性和干燥后的强度会产生不良的影响，可以用淘洗法将其除去。

2. 碳酸盐及硫酸盐类矿物，也是常见的杂质，碳酸盐矿物主要是方解石、菱镁矿。混入的硫酸盐矿物主要是石膏、明矾石及可熔性硫酸钾、硫酸钠等。如果它们以微细颗粒存在，则往往在烧后会吸收空气中的水分而局部爆裂。含有碳酸盐的黏土，颗粒很细。可在高温下起熔剂作用，降低烧成温度。

较多的硫酸盐因其在氧化气氛中的分解温度较高，容易引起坯泡，石膏细块还会和黏土熔化成绿色的熔洞。

3. 铁的杂质矿物有黄铁矿、褐铁矿、菱铁矿、赤铁矿和钛铁矿等形式存在于黏土中，其中呈结核状的铁质矿物（铁豌豆）可以通过捡选或是淘洗的方法除去。分散度大易被电磁吸收的铁杂质可用电磁选机除去。而黄铁矿的晶体细小又坚硬既不易粉碎又难被电磁除去，往往在烧成后造成坯体黑斑点。黏土中铁的化合物都能使坯体呈色，同时降低黏土的耐火度，也会严重影响制品的化学稳定性。钛的化合物一般以金红石、锐钛矿和板钛矿的形式存在于黏土中，纯净的氧化钛是白色，但与铁的化合物共存时，在还原焰中烧成灰色，在氧化焰中呈浅黄色。

4. 有机杂质，很多黏土中含有不同数量的有机物质，如褐煤、腐殖质等，它们都能使黏土呈暗色，甚至黑色，但在煅烧时能被烧掉。有的有机物（如腐殖质）有显著的胶体性质，可以增加黏土的可塑性和泥浆的流动性，但过多会造成瓷器表面起层或针孔，需在烧成中加强氧化来解决。

（二）黏土的化学分析

黏土原料因矿物组成不同，尤其杂质含量的不同，化学成分变化很大，其主要化学成分为二氧化硅、三氧化二铝、水，还会含有少量的碱金属氧化物氧化钾、氧化钠、碱土金属氧化钙、氧化镁，以及三氧化二铁、二氧化钛等，还有灼减（包括化合水和碳酸盐分解的二氧化碳和有机物的挥发）。

1. 化学分析可以作为鉴定黏土矿物的参考。为确定该黏土能用不能用，对配料计算提供必要的依据。

2. 可以初步估计黏土耐火度的大小。

3. 可以推断煅烧后的呈色。

4. 可以估计黏土的成型性能。

5. 可以估计烧成后收缩的大小。

6. 可以估计黏土在烧成过程中产生膨胀或气泡的可能性。三氧化二铁在 1230℃ ～1270℃ 以前是稳定的，如果温度继续升高，则分解而放出气体引起膨胀。

表1 汝瓷黏土类原料的化学成分（%）

化学成分 原料名称	SiO_2	Al_2O_3	Fe_2O_3	TiO_2	CaO	MgO	K_2O	Na_2O	烧失
严和店青土	60.36	20.96	1.26	0.85	0.48	0.36	1.96	0.08	8.64
严和店黑毛土	61.3	29.3	1.79	0.17	0.63	1.17	0.23	0.14	5.27
骑岭风穴土	49.40	35.6	0.17	0.53	1.07	0.27	0.64		12.30
蟒川唐沟土	57.26	26.08	1.88	1.08	0.71	0.77	1.49	0.16	9.52
寄料焦宝石	46.34	38.16	0.56	0.64	0.36	0.15	0.20	0.25	13.3
清凉寺碱石	52.06	35.11	0.82	1.38	0.24	0.29	0.35		8.52
宝丰黑甘子	52.47	29.51	0.63	1.60	1.94	0.6			10.61

（三）黏土的工艺性质

1. 可塑性：黏土与适量的水混练以后形成泥团，这种泥团在一定外力作用下产生形变，但不开裂，当外力去掉后，仍能保持其形状不变。黏土的这种性质叫可塑性。

提高坯料可塑性的措施有：

（1）将黏土矿进行淘洗，除去所夹杂的非可塑性物料或进行长期风化。

（2）将湿润了的黏土或坯料长期陈腐。

（3）将泥料进行真空处理，并多次练泥。

（4）掺用少量的强可塑性黏土。

（5）做雕塑用泥，必要时可加入适量的胶体物质，如糊精、酸甲基纤维素等。

2. 降低坯料可塑性的措施有：

（1）加入非可塑性原料，如石英、脊性黏土、熟瓷粉等。

（2）将部分黏土予先煅烧。

3. 触变性：黏土泥浆，可塑泥团，受到振动或搅拌时，黏度会降低而流动性增加，静止后又逐渐恢复原状。此外，泥浆放置一段时间后，在维持原有水分的情况下，也会出现变稠和固化现象，这种性质统称为触变性。

在生产中，一般希望泥料有一定触变性，泥料触变性过小时，成形后生坯的强度不够，影响脱模与修坯的品质，而触变性过大的泥料在管道运输过程中会带来不便，成形后生坯易变形。泥料的触变性与含水量有关，含水量大的泥浆不易形成触变结构，而呈触变现象。温度对泥料的触变亦有影响，温度升高，黏土颗粒间的联系力减弱，不易建立触变结构。

4. 干燥收缩和烧成收缩

黏土泥料干燥时，黏土颗粒间的水分蒸发，颗粒相互靠拢引起体积收缩，称为干燥收缩，黏土泥料在煅烧时，发生一系列的物理化学变化（如脱水作用、分解作用、莫来石的生成、易熔杂质的熔化，以及这些熔化物充满质点相空隙等），因而黏土再度收缩，称为烧成收缩。这两种收缩构成黏土泥料的总收缩。测定收缩是研究模型放尺的依据。

5. 烧结温度

黏土由多种矿物组成，所以没有固定的熔点，而是在相当大的范围内逐渐软化。黏土在煅烧过程中窑炉温度超过900℃时，低熔物开始熔化，低熔物液相填充在未熔颗粒之间的空隙中，将未熔颗粒逐渐靠近，使体积收缩，气孔率下降，密度提高，这种体积开始剧烈变化的温度，为开始烧结温度。随着温度的继续升高，黏土的气孔率不断降低，收缩不断增大，其密度达到最大状态时，称为完全烧结，此时的温度叫烧结温度。

6. 耐火度

黏土的耐火度主要取决于其化学成分，Al_2O_3含量高时耐火度就高，相反碱类氧化物多耐火度就低，黏土在使用中能承受的最高温度就叫耐火度。

（四）黏土的加热变化

1. 脱水阶段，黏土干燥后，继续加热，首先出现的反应是脱水，其中最主要的是结构水的排出，一般都在40℃ ~ 60℃放出。

100℃～110℃湿存水（大气吸附水）与自由水的排出。

110℃～400℃矿物杂质带入水的排出。

400℃～450℃结构水缓慢排出。

450℃～500℃结构水快速排出（两个 OH 变成 1 个 H_2O 排出，留下 1 个 O）。

500℃～800℃脱水缓慢下来，800℃时排水近于停滞。

800℃～1000℃残余水排出完毕。

黏土脱水过程，体积随之变化，开始加热发生膨胀，100℃以后吸附水排出，出现一个小收缩，250℃左右收缩终止，其后继续膨胀至晶体分解，而转为再收缩。850℃～900℃结构水排出时体积急剧膨胀，随即又转入收缩，可以一直进行到结构水完全排出。

2. 脱水后产物继续转化阶段

伴随着加热中黏土物质发生的化学变化，相应地发生物理性质的变化，其变化为：（1）气孔率从900℃开始陆续下降，到1200℃以后下降速度最为剧烈。（2）失去部分质量现象，主要发生在脱水阶段，脱水阶段后，仍为残余结构水排出而失去微小质量。（3）相对密度在900℃以前稍有降低，而在900℃～1000℃的温度范围内相对密度大大增加，收缩异常显著。（4）收缩的开始温度则由黏土的不同而不同，可在500℃～900℃，在900℃～1000℃以前一般收缩较缓慢，至900℃～1000℃以上收缩急剧增加到达黏土的烧结温度时（高岭类黏土可达1350℃）收缩才终止。（5）温度超出烧结范围时，将重新出现气孔增加，坯体膨胀现象，乃至整个坯体熔融（过烧）。

（五）黏土在陶瓷生产中的作用

黏土之所以作为陶瓷制品的主要原料，是由于其赋予泥料具有可塑性和烧结性，黏土不仅能保证陶瓷制品成型，而且能决定烧制品的性质，黏土的作用概括如下：

1. 黏土的可塑性是陶瓷坯泥赖以成形的基础。

2. 黏土使注浆泥料和釉料具有悬浮性与稳定性。

3. 黏土一般呈细微颗粒，具有结合性。

4. 黏土是陶瓷坯体烧结的主体。

5. 黏土是形成陶瓷主体结构和瓷器中莫来石晶体的主要来源。莫来石晶体能赋予瓷器良好的力学强度、介电性能、热稳定性和化学稳定性。

二 石英类原料

（一）石英的种类和性质

1. 自然界中的二氧化硅结晶矿物可以统称为石英。最纯的石英晶体统称为水晶和玛瑙，玛瑙的 SiO_2 含量在99.9%。陶瓷工业中最常用的石英原料和材料有下列几种：（1）脉石英，呈矿脉状产出，是火成岩，纯白色半透明，其 SiO_2 含量可高达99%。（2）砂岩，石英颗粒被胶结物结合而成的碎屑沉积岩，SiO_2 含量在 90%～95%。（3）石英岩，硅质砂岩经变质作用，石英颗粒再结晶的岩石，SiO_2 含量一般在97%以上。（4）石英砂杂质多。（5）燧石，因其硬度高，可做球磨内衬。

2. 石英原料的性质

石英的外观视其种类不同而异，有的呈乳白色，有的呈灰白半透明状态，表面具有玻璃或脂肪光泽，莫氏硬度7，主要化学成分为二氧化硅，常含少量杂质，如 Al_2O_3、Fe_2O_3、CaO、MgO、TiO_2等，石英是具有强耐酸侵蚀力的酸性氧化物，除氢氟酸以外，一般酸类对它都不产生作用。石英与碱性物质接触时则能起反应而生成可熔性硅酸盐。

石英材料的熔融温度范围决定于氧化硅的形态和杂质的含量。无定形氧化硅约在1713℃即行熔融，脉石英、石英岩和砂岩，在1750℃～1770℃熔融，当杂质含量达3%～5%时，1690℃～1710℃时即可熔融。当含有 5.5% Al_2O_3时，低共熔点温度会降至1595℃。

（二）石英的晶型转化

1. 高温型的缓慢转化，这种转化由表面开始逐步向内部进行，转化后发生结构变化，形成新的稳定晶型，因而需要较高的活化能，转化进度缓慢，转化时，体积变化较大，膨胀16%并需要较高的温度与较长的时间。为了加速转化，可以添加细磨的矿化剂或助熔剂。液相缓冲的作用可以抵消膨胀应力产生的破坏作用。

2. 低温型的快速转化

这种转化进行迅速，转化是在达到转化温度之后，晶体表面瞬间同时发生转化，结构不发生特殊变化，因而转化较容易进行，体积变化不大，仅膨胀2.8%，但因转化迅速，又在无液相条件下进行，破坏性强。

石英晶型转化结果引起一系列物理变化，如体积、相对密度等，其中对陶瓷生产影响较大的是体积变化。

掌握了石英的理论转化与实际转化之后，可以利用它的加热膨胀作用，预先煅烧块石英玛瑙，然后急速冷却，便于粉碎。在制品烧成和冷却时，处于晶型转化的温度阶段，应适当控制升温与冷却速度，以保证制品不开裂。

（三）石英在陶瓷生产中的作用

1. 石英作为脊性原料加入到坯体中，对泥料的可塑性起调节作用，能降低坯体的干燥收缩，缩短干燥时间，防止坯体变形。

2. 在烧成时，石英的热膨胀可部分抵消坯体收缩的影响，当玻璃质大量出现时，在高温下石英能部分熔解于液相中，增加熔体的黏度，而未熔解的石英颗粒，则构成坯体的骨架，可防止坯体发生软化变形等缺陷。

3. 在瓷器中，石英对坯体的力学强度有很大影响，合理的石英颗粒能大大提高瓷器坯体的强度，否则效果相反，同时，石英也能使瓷坯的透光度和白度得到改善。

4. 在釉料中二氧化硅是生成玻璃质的主要组成部分，增加釉料中石英含量能提高釉的熔融温度与黏度，减少釉的热膨胀系数。能赋予釉高的力学强度、硬度、耐磨性、耐化学腐蚀性。

三 长石类原料

长石是陶瓷原料中最常见的熔剂原料，在陶瓷生产中用作坯料、釉料、熔剂等的基本组成部分，用量较大，是陶瓷三大原料之一。

（一） 长石的种类和一般性质

长石是地壳上分布广泛的造岩矿物，化学成分为不含水的碱金属与碱土金属铝硅酸盐，主要是钾、钠、钙和少量钡的铝硅酸盐。共生矿物有石英、云母、霞石、角闪石等，其中以云母与角闪石为有害杂质。

长石有四种基本类型：

钠长石，$Na [AIsi_3O_8]$ 或 Na_2O、Al_2O_3、$6SiO_2$

钾长石，$K [AIsi_3O_8]$ 或 K_2O、Al_2O_3、$6SiO_2$

钙长石，$Ca [AI_2si_2O_8]$ 或 CaO、Al_2O_3、$2SiO_2$

钡长石，$Ba [AI_2si_2O_8]$ 或 BaO、Al_2O_3、$2SiO_2$

这几种基本类型长石，由于其结构关系，彼此可以混合形成固熔体，它们之间的互相混熔有一定规律。钠长石与钾长石在高温时可以形成连续固熔体，但温度降低则可混性减弱，因熔体会分解，这种长石也称微斜长石。钠长石与钙长石能以任何比例混熔，形成连续的类质同象系列，低温下也不分离，就是常见的斜长石、钾长石与钙长石在任何温度下几乎都不混熔；钾长石与钡长石则可形成不同比例的固熔体，地壳上分布不广。

由于长石的互熔特性，故地壳中单一的长石少见，多数是几种长石的互熔物，按其化学成分和结晶化学特点，有两个重要亚族。

1. 钾、钠长石亚族

由钾长石和钠长石分子组成是陶瓷的重要原料，钾长石的理论组分是 $K_2O16.9\%$，$Al_2O_318.3\%$ 自然界中的钾长石都混有钠长石，常见的钾钠长石有：

（1）透长石成分中钠长石可达 50% 。

（2）正长石成分中钠长石可达30%。

（3）微斜长石成分含钠量低，故熔融范围比较宽（钾长石1130℃～1450℃）而且熔体黏度大，熔化缓慢，作为熔剂加入到陶瓷坯体中，有利于坯体在高温下不易变形。

2. 斜长石亚族

由钠长石和钙长石分子组成，含钠长石90%以上的称钠长石，含钠不足10%的称钙长石。而在这中间不同比例的混熔物则统称为斜长石。

斜长石以钠长石的熔点最低（约1120℃），所以常用作釉用原料。

（二）长石的熔融特性

长石的熔融温度分别是钾长石1150℃，钠长石1100℃，钙长石1550℃，钡长石1715℃。

1. 长石在高温下熔融，形成黏稠的玻璃熔体，是坯料中碱金属氧化物（K_2O、Na_2O）的主要来源，能便于陶瓷坯体烧结，利于成瓷和降低烧成温度。

2. 熔融后的长石熔体，能熔解部分高岭土的分解产物和石英颗粒，液相中Al_2O_3和SiO_2互相作用，促使莫来石晶体的形成和长大，赋予了坯体的力学强度和化学稳定性。

3. 长石熔体能填充各结晶颗粒之间，有助于坯体致密和减少空隙，冷却后的长石熔体，构成了瓷的玻璃质，增加了透明度。

4. 在釉料中长石是主要熔剂。

5. 长石作为脊性原料，在生坯中还可以缩短干燥时间，减少坯体的干燥收缩和变形。

表2　长石的理论化学组成

化学成分 原料名称	SiO_2	Al_2O_3	CaO	K_2O	Na_2O	BaO
钾长石	64.7	18.4		16.9		
钠长石	68.6	19.6			11.8	
钙长石	43.0	36.9	20.1			
钡长石	32	27.1				40.9

表3　汝瓷常用长石的化学成分

化学成分 产地与名称	SiO_2	Al_2O_3	CaO	K_2O	Na_2O	Fe_2O_3
蟒川罗圈黄长石	78.6	8.6	0.02	10.3	0.06	0.39
灵头余窑白长石	75.53	13.38	2.5	0.8	6.53	0.6
桃木沟黑长石	58.98	12.82	4.23	9.34	0.61	5.11
登丰白长石	76.64	12.97	0.67	8.7	0.1	0.39
南召白长石	67.61	18.23	0.29	10.51	3.67	0.39

汝州地区的长石钾钠含量低，也用一部分邻邦县，如登丰的、南召的。

四　碱土硅酸盐类原料

(一) 滑石

滑石是一种天然的含水硅酸盐矿物，其理论化学组成为 $MgO31.88\%$、$SiO_263.37\%$、$H_2O4.74\%$，成分中有铁、铝、锰、钙等杂质。

滑石加热时，于600℃左右开始脱水，880℃~970℃结构水排出，滑石分解为偏硅酸镁和 SiO_2。

滑石在陶瓷中一般作为熔剂使用，坯体中加入少量滑石，降低烧成温度，在较低的温度下形成液相。加速莫来石晶体的生成，同时扩大烧结温度范围，提高白度、透明度、力学强度和热稳定性。在陶瓷釉料中加入滑石可改善釉的弹性、热稳定性，增宽熔融范围。使用时常采用预烧后的滑石。改变片、层状结构带来的开裂和变形。

（二）硅灰石

硅灰石的化学组成为 $CaO 48.25\%$ 、 $SiO_2 51.75\%$ 。作为碱土金属硅酸盐，在陶瓷坯釉中都起助熔作用，用它代替方解石和石英配釉时，釉面不会产生釉泡和针孔。但若用量过多会影响釉面的光泽。

五　碳酸盐类

（一）方解石和石灰石

方解石的主要成分为 $CaCO_3$ 。理论组成为 $CaO 56\%$ 、 $CO_2 44\%$ ，方解石加热至 $850°$ 左右开始分解，放出 CO_2 ， $950℃$ 左右反应激烈。

方解石在釉料中是一个重要原料，在高温釉中能增大釉的折射率，因而提高光泽度，但在釉料配合不当时，则易出现乳浊（析晶）现象。烧还原火易吸烟。石灰石的作用同方解石。

（二）白云石

白云石是碳酸钙和碳酸镁的复合盐，化学通式为 $CaMg(Co_3)_2$ ，理论组成为 $CaO 30.41\%$ 、 $Mgo 21.87\%$ 。白云石在加热过程中发生分解，放出 CO_2 。

白云石在坯体中的作用能降低烧成温度，增加坯体透明度，促进石英的熔解及莫来石的生成，代替方解石可以扩大坯体烧结范围20℃～30℃。

白云石也是瓷釉的重要原料，它可以代替方解石，加入白云石的釉面不会乳浊，并能提高釉的热稳定性及一定程度上防止吸烟。

六　钙的砼酸盐类

（一）骨灰

骨灰其主要组分是羟基砼灰石，结构式是 $Ca_{10}(Po_4)_6(OH)_2$，另有少量的氟化钙、碳酸钙、磷酸镁等。

生产中使用的骨灰是牛、羊、猪等动物骨骼在900℃～1300℃下脱脂，煅烧后即可使用。煅烧时一定要通风良好，避免炭化发黑，骨灰的化学组成如下：

骨灰作为原料本身是难熔的，熔融温度高达1720℃，可是在普通黏土坯料中骨灰用量少时（2%～20%）可作为一种强助熔剂使用。在汝瓷釉料中起乳浊作用，使釉具有柔和感。

（二）砼灰石

砼灰石是天然砼酸钙矿物，与骨灰的化学成分相似，

表4　骨灰和柞木灰的化学成分

品名＼化学成分	P_2O_5	CaO	SiO_2	Al_2O_3	K_2O	Na_2O
牛骨灰	41.5	53.7	0.4	0.13	0.3	1.2
柞木灰	0.45	35.47	0.22	1.63	0.07	0.09

故可部分代替骨灰。

将砹灰石少量引入长石釉中能提高釉面光泽度，使釉具有柔和感，但用量不宜过多，如 P_2O_5 超过 2% 时，易使釉面发生针孔、气泡，还会使釉难熔。

（三）柞木灰

柞木灰也含有一定量的 CaO 和微量的 P_2O_5，在汝瓷生产中是常用的熔剂，多来自山坡上的栗木、柞木烧成的木炭粉和木灰，在清凉寺汝官窑遗址挖掘中，澄泥池的泥料中就有木炭粉粒，它在坯泥成型时可吸附坯泥中的水，促使坯体干燥快，防止变形。经烧成时它变成草木灰，显碱性，起助熔作用，促使坯体烧结早熟。在釉料中起熔剂作用，并使釉面柔和，但烧成范围窄。

七　着色氧化物

汝瓷常用着色氧化物原料（%）

化学成分 原料品名	SiO_2	Al_2O_3	Fe_2O_3	CaO%	MgO%	K_2O%	Na_2O	TiO_2%	烧失%
黑长石	58.95	12.82	5.11	4.23	2.53	9.34	0.61	0.73	4.8
黄金土	36.91	1.97	15.26	4.31	2.27	3.17	1.58		34.52

着色氧化物（Fe_2O_3 与 TiO_2），陶瓷中铁元素在还原气氛中烧成，可以使瓷呈现青色，在氧化焰中烧成使瓷发黄，在汝瓷中一般用量在 1% ~2% 为宜。氧化钛在氧化焰中呈

黄色，还原焰中呈灰色。

八　各种氧化物在瓷中的作用

1. 二氧化硅（SiO_2），瓷中的 SiO_2 以半安定方石英、残余石英颗粒熔解在玻璃相中的熔融石英，以及在莫来石晶体和玻璃态物质中的结合状态存在，SiO_2 是瓷的主要组分，含量很高，直接影响瓷的强度及其他性能，但其含量不能过高，如果超过75%接近80%，瓷器烧后热稳定性变坏，易出现自行炸裂现象。

2. 三氧化二铝（Al_2O_3）由高岭土引入的 Al_2O_3 有助于促进结晶，由长石引入的 Al_2O_3 则有助于生成玻璃相。瓷中的 Al_2O_3 主要是由长石和高岭土引入，是成瓷的主要组分，一部分存在于莫来石晶体中，另一部分熔于熔体中，以玻璃相存在。Al_2O_3 可以提高瓷的稳定性与热稳定性，提高瓷的物理化学性能和力学性能，提高白度。含量多会提高烧成温度，若过少（低于15%）瓷坯易烧变形。

3. 氧化钾、氧化钠（K_2O、Na_2O），主要由长石引入，它们是成瓷的主要组分，起助熔作用，存在于玻璃相中，提高透明度，K_2O 可以使瓷的声音宏亮，而 Na_2O 过多则瓷的声音沉哑，在瓷坯中一般 K_2O 与 Na_2O 的总量控制在5%以下为宜，多了会急剧降低烧成温度和热稳定性。

4. 碱土金属氧化物（CaO、MgO 等），它们在少量情况下只为碱金属氧化物共起着助熔作用。引入 CaO、MgO，可以相对提高瓷的热稳定性和力学强度，提高白度和透明度。

5. 瓷中氧化物之间的关系

瓷组成中各组分之间的对立统一规律与烧成温度和许

多工艺因素有关，各组分之间有一定比例关系。（1）n（$Al_2O_3/_nSiO_2$）=1：5左右。（2）坯料中的Al_2O_3不低于2Mol。（3）SiO_2、Al_2O_3和碱组分的含量和配比对釉熔融的温度范围起决定性的作用，其中以熔剂的各类和配比影响最大，熔剂可分为碱金属氧化物和碱土金属氧化物两大类：Li_2O、Na_2O、K_2O属于R_2O族（碱金属氧化物）。CaO、MgO、ZnO属于RO族（碱土金属氧化物）。它们的助熔能力如下：

1molCaO相当于$1/6molK_2O$　　1molcaO相当于1/2molZno

1molcaO相当于$1/6mol Na_2O$　　1mol caO相当于1mol BaO

Al_2O_3的含量对釉的熔融温度和黏度影响很大，它的含量增加，釉的熔融温度和黏度增加，SiO_2也用来调节釉的熔融温度和黏度。SiO_2含量越多，釉的烧成温度越高。适量增加K_2O和MgO的含量，可以扩大釉的熔融范围。

第四章　汝瓷生产工序

一　进　料

经过化验认定可用的原料方可进厂。

1. 坯料用的高岭土、黏土进厂后，可堆放在露天料场，使其经过阳光照射、雨雪充分风化。

2. 石料厂进来的石质性原料，大都是铁质机械加工粉碎的，加工混入料里的机械铁，可先用高强磁铁清除后再入库储存。

二　汝瓷坯料设计的依据

（一）坯料的设计依据

1. 在坯料的设计时要考虑到 SiO_2 是瓷坯的主要组成部分。它是坯胎中莫来石晶体和玻璃态物质的重要组成部分，但含量不能过高，以防石英晶型转变影响烧后的热稳定性出现炸裂。

2. Al_2O_3 是成瓷的主要组分，一部分存在于莫来石晶体中，另一部分溶于玻璃相中。它可以提高瓷胎的热稳定性和化学稳定性，提高瓷的物理化学性能和力学性能。含量

粘土类原料

过多会提高瓷的烧成温度，过低高温下瓷容易变形。一般在坯料成分中不低于30%。

3. K_2O、Na_2O，主要由长石引入，也是成瓷的主要组分，起助熔作用，不可过多。K_2O、Na_2O总量控制在5%以下，否则会降低瓷的热稳定性，容易变形。坯体中引入长石，以钾长石最好，一般不用钠长石。

4. 坯料中铁、钛的总量一般控制在2%～3%。用还原焰烧后胎呈香灰色，对釉的呈色起衬托作用。

（二）坯泥的制备

1. 拉坯泥的制备

风化后的原料经过筛选、试验，确定配方，按配方准确称量、原料入磨、加水，一般制备时，料、球石和水按料：球石：水 =1：1.5：1 的比例，效率最高，球磨中料土不可装得太满，球磨机里要剩1/5的空间。球磨旋转约10～18小时后泥浆细度达万孔筛余1%～2%（根据各厂习惯而定），打成的泥浆，通过振动筛和磁选机流入浆池中（泥浆池中的搅拌设备使泥浆不可沉淀），泥浆池中泥浆一般含水在60%左右，有较好的流动性，将榨滤机连好的泥浆泵管子插入泥浆中，进行榨泥，榨好的泥饼一般含水在25%左右（可视拉坯的需要确定泥饼的软硬），榨好的泥饼送入密封的泥库，陈腐后可直接送入练泥机混练、抽空。练泥机的真空表显示真空度一定达到0.095mpa以上。真空抽不净，泥条发糟，做出的坯体易炸裂。练好的泥条用塑料袋装好待用。

2. 注浆泥的制备

风化后的各种原料，按配方准确称量入球磨机，根据实践习惯和经验，加入稀释剂（白碱即碳酸钠，按原料的0.3~0.4%称量加入，用水玻璃作稀释剂，按料650kg，加水350kg，总量的0.5%加入），注浆泥加水不可多，一般按照料的54%为宜。球磨时间在10~16小时左右，视原料的硬度和泥浆细度要求而定，一般注浆泥细度控制在万孔筛余2%~3%，泥浆的浓度控制在婆美55度为好，泥浆太稠易絮凝造成坯体的厚薄不匀，泥浆太稀，易沉淀、漏浆。

（三）模型的设计和制作

产品从图纸变成模具。首先要制作出原始造型，也就是模种，做模种前一定要知道坯料的收缩率。

1. 计算收缩率：坯品从湿坯到烧熟整个过程中产生的收缩数据，为产品的收缩率。譬如茶杯湿坯的高度为10厘米，烧熟后的茶杯高度变为8.5厘米，它的收缩率是（10 - 8.5）÷10×100 = 15%，做模种时一定将收缩率加上。根据这一收缩率，如果做一个高度为20厘米的瓶子，制模种的高度应为20÷（1 - 15%）= 20÷0.85 = 23.5厘米。一般横向收缩会比垂直收缩小一点，可另行计算收缩率。

2. 制备脱模剂

常使用的脱模剂有柴油和肥皂液，肥皂液是把肥皂块切碎加适量水煮溶化即可。

3. 用石膏做模种：按照图纸上作品的尺寸，计算出加上收缩率的尺寸为模种的尺寸，用薄塑料板圈在打过脱模剂的辘轳车的台面上，用绳捆紧倒入石膏浆注个毛坯，当石膏凝固后，去掉薄塑料板，用三角刀车削出造型，再用三角刀将底部削细取下，挖出圈足，即成模种。将模种涂上稀释过的清漆，晾干再涂，大约涂 4~5 次，保证模面光滑，翻模时不脱漆为止。

4. 用硫磺做模种：石膏模种不结实，容易损坏，可用硫磺做模种。

用 85% 的硫磺加入 15% 的石墨共同置铁锅内熔融，先小火，逐渐加大火力至硫磺开始融化，放出 SO2 气，继续缓慢加热至硫磺开始沸腾，用木棒不停地搅拌成为黏稠状，稍冷 5 - 6 分钟，把事先预备的一个旧阴模用水浸透，将表面的水分擦干，在模内涂上脱模剂，再把熔好的硫磺黏液慢慢倒入模中至模口平，停 10 - 20 分钟即可脱模，脱模后用细纱布打磨光，这就是新模种。将这一模种涂上脱模剂就可翻模。

（四）制造石膏模具

1. 石膏的性能：生石膏从矿区开采出来，是一种白色半透明的块状物，其化学成分为 $CaSo_4 \cdot 2H_2O$，也叫二水石膏，生石膏送入石膏加工厂将其粉碎，在铁锅里经 160℃—170℃ 炒制。排出大部分结晶水，变为半水石膏（$CaSo_4 \cdot 1/2 H_2O$）即为熟石膏，可做模具用。

2. 打石膏浆：根据需要量，把水先倒入打浆桶内，再把石膏粉撒入桶内，然后用搅拌机插入桶内，将石膏打匀成浆。

3. 翻模：翻模前模种画中线，圆形立式的造型，将模种上下画出中线。壶形造型，在腰间最大直径处顺圆画出中线。沿中线用泥块做一个衬模（视模种大小，决定衬泥的高度和宽度），而后涂上脱模剂，堵上底足，用木板或薄塑料板圈住捆紧，徐徐倒入石膏浆，不停地用橡皮刷搅拌，排出空气，并防止边角处石膏注不到，等石膏凝固后，去掉套圈，取出第一扇模具，将衬泥的地方抢平，挖出凹形子口，将这扇模具涂上脱模剂，看准中线放入模种，再用木板和塑料板圈住捆紧，徐徐倒入石膏浆，用橡皮刷不断搅拌，待石膏凝固后去掉套圈，将模型抢平刮光，两扇模具中缝刮光再用绳捆紧，放置模种圈足朝上方向，在两扇模具圈足部位，涂上脱模剂，倒入石膏浆，翻出底模，这一合模具就完成了，晒干后就可注浆使用。

（五）成型

汝瓷成型手段有拉坯成型和注浆成型等。

1. 拉坯成型：先将泥条揉成圆形球状，拉坯轮上放一石膏拍子，拍子和轮子的中心要拍一致，而后将拍子用泥浆和泥条固定在拉坯轮上，将揉好的泥团用力甩在石膏拍子中心，然后开始拉坯。拉制好的毛坯放置一段时间（泥坯不粘刀）后，就可以进行利坯。利坯前先制作一个放坯的台子，台子固定在轮子上，毛坯从石膏拍子上拿下来放在台子上，即可利坯。将底足、口沿修整规矩，坯体厚薄均匀，而后晾干。

2. 注浆成型：打好的泥浆，通过振动筛和磁选机流入浆池，稍经陈腐或泥浆放凉，即可使用。注浆前将模型对齐，用带子将模具捆紧（最好在对模前刷上稀浆）。开始注浆，将泥浆徐徐倒入模具中，待模具注满后，根据坯品大小要求的厚度，不断往模具里添浆，视坯泥厚度合适时，即可扳倒模具，倒出剩余的泥浆。要慢慢倒，尤其小口模具，以防坯塌，倒完浆的模具还要口朝下把浆控干。坯品零件，同时注好（保证下坯时和主件湿度一致）。

拉坯

修坯

正常室温下第二天坯体有了一定的强度，即可下坯，打开模具，取出坯体。需要粘接的部位，要用塑料袋包好，不可晾干。需粘接的零件先修好，用海绵擦光，包好待用。（粘接使用的稠浆要事先放置到一定的黏度后，存放在盆子里待用）大部分作品都需要多个零件粘接在一起，例如八卦鼎，需要 24 个零件组成一件完整的作品。壶类，先将壶嘴出水的位置均匀地打孔后粘上壶嘴、壶把。粘接好的湿坯放在阴凉处，逐渐晾干，不可急干。

六　素　烧

晾干的坯品经检验，确定坯品粘接处无裂缝，坯体无

已素烧好的坯料

变形、无棕眼、无坯缝、无磕碰等缺陷，就可以入窑进行素烧，一般要烧到900℃，要求窑内空气通畅，氧化纯净，坯品不可有碳素污染。

七　制备釉浆

汝瓷的釉色分天青、粉青、豆青、天蓝、月白。每个釉色都有不同的配方，釉浆制备的程序基本一样，釉浆细度也基本一致。但都属于生料釉的制备方法。

按照标准配方，将长石、石英、石灰石等各种原料准确称量后即可入磨，生产实践证明，料：水：球石＝1：1：1.5效率最高。经过12小时左右的球磨，细度达到万孔筛余0.6%～0.8%即可停止，釉浆稠、铁除不净，为方便除铁往球磨里再加水稀释，再转20分钟，搅拌均匀后先通过振动筛除去杂质，再通过磁选机除铁，把釉浆放入桶内沉淀12小时后，把多余的水抽出，调好浓度待用（注：石英包括玛瑙）。

八　施　釉

1. 施釉前的准备：素烧过的素坯出窑后，将其坯上的粉尘用空压机吹干净，坯内修坯掉下的泥渣用木刷刷净倒出，送施釉车间备用。

2. 调釉：釉缸里的釉浆根据坯品的大小、厚薄调好浓度。坯品造型各异，凡认为易存釉的部位用毛笔先涂一次水，再行浸釉，为使釉面釉层均匀，一般浸两次为宜。施釉过程中要不断搅拌釉浆，以防沉淀造成浓度变化。

3. 浸釉：瓶类产品，先均匀上内釉，再上外釉，外釉可快速蘸两次，以防釉层不均匀。

挂　釉

4. 修坯：釉坯放置到釉面不沾手时，即可修坯，先将指印涂厚釉，再用刀片刮平，最好和坯品上的釉层厚度一致，防止过薄或过厚。有釉缕也要刮平，需支钉的产品，底面釉层要均匀，不用支钉的产品要刮去圈足上的釉，再用湿海绵擦拭干净，以防粘底。

汝瓷釉坯半干入窑较好，修好的釉坯放在坯车上四面蒙上薄塑料布，以防提前干燥出现脱釉。

九　制作支钉和垫饼

1. 制备支钉泥：选用三氧化二铝含量高，又具有黏性的土2～3种，用小球磨机磨细（同拉坯泥细度），榨去水分，软硬以不粘手为宜，而后用塑料布包好待用。

2. 搓支钉：按支钉大小要求，用尖刀在旧模具块上钻几个支钉模具孔，要求高低、粗细一致。将支钉泥搓成上细下粗的锥形，用两手鱼脊部位把锥尖搓到最尖，然后把搓好的泥钉放入事先钻好的模具孔里按实，再将泥钉用拇指和食指的指甲揑出来，再在支钉尖端的一边，用拇指和食指捏扁。做好的支钉整齐排列在小块氮化硅板上，晾干后装入成品窑里烧熟。

3. 做垫饼：烧熟的支钉有不同型号。根据器物的大小选择合适的型号做垫饼，每个支钉垫上的支钉数多是单数

支　钉

三、五、七、九个，只有水仙盆是六个支钉。做垫饼前选出高低一致的支钉，用拉坯泥（绝不能用注浆泥）拍一个圆形的泥垫，将选出的支钉等距离粘在垫饼周边上，用玻璃板检验支钉高低是否一致（确保支钉高低一致），等垫饼完全干燥就可装窑使用。

一〇 装 窑

根据窑内温差情况，调节窑内不同部位装窑密度，温度高的部位码坯（装窑）密度大一些，温度低的部位密度小一些，满足窑内气体合理流动，传热均匀。

1. 装柴烧窑或煤烧窑　为防止釉坯落灰渣，装柴烧窑要用匣钵，如果装盘、碗之类的器物，要用漏斗状匣钵，可节省窑位，为防止匣钵落渣，匣钵外底部要涂上釉子，匣钵口沿涂上氧化铝粉浆，一是防止匣钵烧结，二是开窑时匣钵容易打开。装釉坯时先把支钉垫放平稳，再把釉坯放在支钉上（一定防止装偏），然后一器一钵摞起来，钵柱之间用废匣钵做楔，钵柱间距3~5厘米，边柱距窑墙10厘米，保证钵柱竖直，火路通畅。装瓶子类器物用筒状匣钵，钵内底撒上氧化铝粉或石英粉，最好放个垫饼防止粘底。每柱匣钵的最底一个匣钵要用三个耐火砖块平稳支起，既防止窑台眼堵死，又便于钵底火路畅通。

2. 装梭式窑　梭式窑用液化气或天然气烧，不用匣钵，裸烧。装窑前，先检查支柱是否平稳，氮化硅棚板之间的板缝宽窄是否合理，是否保证火路通畅，温差小。检查完毕，将棚板上均匀撒上氧化铝粉，再用锯条背将氧化铝粉刮匀。需支钉的器物，将支钉垫和釉坯底比对适中后，放在窑板上。有挂环的器物，检查环内刮釉的部位和挂勾刮釉处是否吻合，有盖的器物，盖和承盖口是否吻合，产品之间留的火道是否通畅合理，尽量做到窑位不浪费，火路又通畅，装窑一定要先装高层，后装下层，以防落渣。

一一 汝窑烧成中的物理化学变化

（一）汝瓷烧成中的化学变化

1. 氧化期

（1）550℃～650℃为脱水阶段，脱水后的高岭土形成偏高岭石这是转化为莫来石的开始进行。

（2）900℃～1050℃首先在窑内进行第一次保温，使整个窑内温度均匀，析出残余的结晶水，将坯体所吸附的碳素及碳氢化合物烧尽，此阶段必须加强氧化气氛，O_2含量高达8℃～12%。

一般情况下950℃～1050℃开始玻化，出现低共熔点，点状熔体，应及时进行保温，尽量减少温差，保温不够会在后火出现鼓包，保温终了，放下闸板，减弱通风。

此阶段低共融物熔融，液相开始出现，黏土分解物大量生成新相莫来石，实际上由于杂质的影响1050℃反应即可开始，并熔融石英，由于液相的增加，坯体开始显著收缩，气孔率急骤降低。

2. 还原期

1050℃～1250℃在此温度范围内，进行还原焰烧成，为了使硅酸盐中的高价铁还原成低价铁，此阶段是必须的，另一个重要作用是加速$CaSO_4$和Na_2SO_4的分解，这段升温应慢些（30℃～35℃/小时），必须使液相逐渐形成，气孔不致立刻封闭，为了让硅酸盐中铁的氧化物分解脱氧时，来得及放出氧气，硫酸盐矿物或硫酸盐，来得及析出 SO_2，窑中不应有浓烟火焰。

窑中气体的组成大致为 CO_2（15% ~ 17%）、O_2（0.5% ~1%）、CO（2% ~6%）。这时不希望有大量的水汽，以防釉层开裂，为获得作用缓和的还原焰，必须利用闸板降低窑底的负压至 0.5 ~1 毫米水柱，保温完毕转为中性火焰。

（1）主要化学反应（还原）

$$Fe_2O_3 + CO \longrightarrow 2FeO + CO_2 \uparrow$$

$$Fe_2O_3 + C \xrightarrow{1000} 2FeO + CO \uparrow$$

$$Na_2SO_4 + C \xrightarrow{1000} Na_2O + SO_2 + CO \uparrow$$

$$Na_2SO_4 + CO \longrightarrow Na_2O + SO_2 + CO_2 \uparrow$$

$$CaSO_4 + C \xrightarrow{800} CaO + SO_2 + CO \uparrow$$

$$CaSO_4 + CO \xrightarrow{1100} CaO + SO_2 + CO_2 \uparrow$$

（2）Fe_2O_3 被还原成 FeO 能降低烧结温度，利于液相生成，使瓷件较易烧结。

（3）玻璃质的生成：瓷坯由难熔物质（石英）或耐火性物质（黏土）与熔剂（$Na_2O \cdot K_2O$）所组成。

烧成时由于各个颗粒相接触的地方有碱类或其他杂质存在便成了低共熔物混合物，因而生成少量液体，这些液体在颗粒的周围生成，随着温度上升，溶液的数量由易熔杂质和毛细管被溶液所填充。液相生成是烧结的开始。

（4）弱还原期：在弱还原焰中，将强还原期可能在釉面或坯体内沉积的碳素充分燃烧，另外更重要的是液相继续发展，熔解游离的 SiO_2 及 Al_2O_3，形成玻璃质。$Al_2O_3 \cdot 2SiO_2$

（莫来石）晶体生成长大，玻璃状物质熔解游离石英和三氧化二铝，向生成硅酸—氧化亚铁—碱土金属氧化物三元系统的玻璃态物质发展。

（5）高火保温期：这时期是促使坯体内部所进行的物理化学变化进行的更完善。

① 烧结：熔解物质将所有其他的颗粒黏结得结实。

② 瓷化：熔解物质大量地存在颗粒空隙中，逐渐形成一种非常坚固的物质。

（6）冷却阶段：由烧成止火后冷至 900℃～850℃ 保温，坯体内由塑性状态开始凝固，由于液相的存在，故应力的影响不大，在多晶转化阶段应缓慢冷却，530℃ 以后可以快冷，防止釉面还原了的低价铁重新氧化也使莫来石和钙长石晶体不致长得粗大，但更需注意来自坯体内外的温差以及石英晶型转化时产生的应力对瓷体的不利影响，所以也不能冷却过快。

（二）瓷坯在烧成过程中的物理变化

1. 重量变化：吸附水和结晶水的排除，可燃物质与杂质的氧化分解的结果，失重约在 3.4%～3%。

2. 体积的收缩：温度达到 573℃ 时，由于 α 石英转化为 β 石英体积有突然变化，900℃ 以后坯泥的收缩逐渐加剧而后达到高峰，这是由于液相的形成，坯料颗粒的互相靠近所引起。

3. 气孔率的改变：气孔率由大到小，逐渐增加到氧化阶段末期达到高峰，以后由于体积的缩小和液相的形成，逐步降低。

4. 颜色的变化：有色的坯体随着温度的提高，颜色逐渐变淡，到氧化期终了时为最淡，在这个时期，坯体呈现粉红色或肉色，因为坯体内的铁质均被氧化为 Fe_2O_3 所致，以后随着温度的提高 Fe_2O_3 逐渐变为 FeO 并生成硅酸亚铁颜色而变为青白色或灰色，而逐渐加深。

5. 坯体强度的变化：随着吸附水的消失，强度略有提高，结晶水排除阶段，强度无显著变化，573℃石英晶型转化强度略有下降，900℃以后强度逐渐增加，在良好的烧成温度时，坯体的机械强度应为最高，往往因为过烧强度而下降。

6. 硬度的变化：坯体在 900℃ 以前均是非常脆弱的，900℃以后，硬度就逐渐增加，在良好的烧成温度时由于长石·石英玻璃质以及莫来石晶体的形成，硬度逐渐提高，可达到莫氏 7—8 级。

7. 变形的发生：变形的原因有两点，一是收缩不匀，二是装窑不当，坯体在高温软化时，由于本身的重量而引起变形，变形的程度决定于高温下坯体内生成液相与固相的比例。

一二　烧成曲线

1. 观察火苗　无论柴烧窑或气烧窑，都要遵守升温曲线，升温曲线的制订必须考虑温度制度、气氛制度和压力制度。梭式窑在产品入窑前，把火点着，观察火苗是否正常，是否需调整风门，直到火苗正常才推入窑车

2. 预热排湿阶段　（常温～300℃）本阶段主要是坯体的予热和坯体残余水分的排除。窑内升温速度与坯体残余水分的多少、坯体尺寸形状、窑内温度、窑内装载制品

的密度有关，坯体含水率在 1% ~2% 时，残余水分排除时，基本不发生收缩，升温速度可以加快，反之入窑制品含水率高，入窑水分急剧蒸发，易发生爆裂和脱釉，应控制升温不能太快。

3. 氧化分解阶段 （300℃~950℃），此阶段发生的物理变化主要有质量减轻，强度降低（有机物等塑性物质分解）。发生的化学变化主要有：结晶水排除，有机物、硫化物、碳酸盐分解、石英晶型转变等。

由坯釉发生的化学反应可以看出，本阶段有大量气体产生排出。因此要考虑各种因素对气体排出的影响，如坯体尺寸大小、坯体壁厚薄、坯料细度等都会影响气体排出，如这些因素影响不大，可以较快升温，石英用量较多的坯体，应考虑 573℃左右石英晶型转化引起的体积膨胀，适当控制升温速度。此阶段全用氧化焰烧成。

4. 临界温度 适当保温以拉平窑温，防止还原不平衡，为转入还原期决定转火温度，也称临界温度，主要参考坯釉的化学组分作决定。临界温度过低或还原过早，坯釉中有关组分氧化反应不完全。部分有机物和碳素残留在坯中，易产生起泡、橘釉、阴斑等缺陷。如临界温度过高，还原推迟，铁还原不足造成产品阴黄。

为使釉在完全熔融前氧化反应充分进行，气体完全排出，临界温度应定在釉始熔前 100℃~150℃。视成瓷温度高低，也可作为临界温度高低参考的依据，一般汝窑低温仿古釉可定在 900℃左右。高温釉可定在 1060℃左右。

5. 还原阶段 临界温度确定后，就转入强还原阶段，要求窑炉内 CO 含量在 6% ~7%，O 含量在 1% 以下。

此阶段铁的还原反应必须完成，但应注意，黏土的吸附能力很强，如还原气氛过强，烟气中残留的碳素易被吸附造成吃烟。还原期可以较长，但还原气氛要适中。

还原阶段由强还原转入弱还原，这时釉层基本成熟，各种还原反应基本结束。弱还原期间 CO 浓度应在 1.2% ~ 2.5%，防止二价铁重新氧化。

6. 成瓷阶段也叫高温阶段　这一阶段液相量增加，气孔率减少，坯体产生较大收缩，力求减少窑室内不同部位和制品内外的温差，防止收缩相差太大导致制品变形和开裂。

7. 高火保温阶段　此阶段即达到最高烧成温度后，再保持一段时间，主要作用是拉平窑内不同部位和同一物件表层及内部的温差，从而使坯体各部分物理化学反应进行的同样完全，而具有基本相同的成品理化性能。

汝瓷气窑升温曲线

升温阶段	温度范围	每小时升温	阶段时间（小时）	累计时间
排湿阶段	~400℃	200℃	2	2
前氧化阶段	400℃ ~600℃	100℃	2	4
后氧化阶段	600℃ ~980℃	120℃	3	7
中火保温阶段	980℃ ~1060℃	60℃	1.3	8.3
还原阶段	1060℃ ~1200℃	40℃	3.5	11.8
成瓷阶段	1200℃ ~1235℃	25℃	2	13.8
高火保温阶段	1235℃ ~1250℃	不升不降	0.25	14

8. 冷却保温阶段　850℃以上由于有较多的液相，因此坯体处于塑性状态，850℃以下液相开始凝固，石英晶型转化故应缓冷。

汝窑冷却阶段要经过一段保温缓冷的析晶过程，使釉层产生大量的短针状的钙长石结晶，钙长石结晶和大量的细小气泡团有效地减弱了入射光线的镜面反射，增强了漫反射，使釉面的宏观效果呈现丝绢、玉石状光泽，也就是温润如玉的釉面光泽。

一三 开 窑

当成品窑温度降到 200℃ 以下时，先将窑门打开一个小缝，待降到 150℃ 时，即可把窑门全打开，把产品取出，进行分级。

一四 分 级

按照中华人民共和国国家标准，汝瓷地理标志产品进行分级。

1. 珍品级：造型优美，做工精细，釉色纯正，釉面滋润如玉，制作难度大，艺术品位高，能充分体现汝瓷特色，具有珍藏价值，每件产品不得超过三种缺陷。

2. 精品级：造型优美，做工精细，釉色纯正，釉面光润如玉，有较高的艺术品位，能够体现汝瓷特色，每件产品不得超过四种缺陷。

3. 合格品：造型端庄大方，做工精细，能基本体现汝瓷的艺术特色，具有一定的观赏性，每件产品不得超过五种缺陷。

4. 珍品级、精品级、合格品缺陷不得密集一处。

参考文献

[1] 李家驹主编：《陶瓷工艺学》，中国轻工业出版社，2004 年。

〔2〕李国帧、郭演仪著：《中国名瓷工艺基础》，上海科学技术出版社
　　1988 年。

〔3〕冯敏等：《汝瓷及其仿制品微观结构的初步研究》，中国古陶瓷学
　　会编《中国古陶瓷研究》第八辑，紫禁城出版社。

第五章　汝窑天青釉
技术性能监测报告[*]

　　汝瓷是我国宋代五大名瓷之一，在《坦斋笔衡》中有"汝窑为魁"的记载。解放后文物和科学工作者都曾对汝瓷进行了调查和研究，并高度评价了汝瓷在我国陶瓷史上的地位[1][2][3]。1985 年河南省临汝县工艺美术汝瓷厂在轻工部及省市县的领导与支持下，为全面恢复汝窑天青釉进行了研究与仿制工作，经过三年多的努力，先后摸索实验了 222 个釉料配方，终于仿制成功，已试烧了部分产品，一部分送河南省博物馆收藏，一部分送北京故宫博物院收藏。为恢复国宝又添新光彩，同时也填补了自南宋起失传，至今已有数百年未仿烧成功的我国陶瓷史上的一项空白。

　　我们对该厂研制的汝窑天青釉样品的釉、胎及其显微结构等方面进行了技术分析和测试，并和宝丰等地发掘的宋代汝窑天青釉瓷片对比，现整理报告于下。

一　釉的分析

　　1. 汝窑天青釉的化学成分：文献【8】对历代青瓷釉

---

　　[*]　北京科技大学（原北京钢铁学院）物理化学系 1988 年 5 月 2 日所作的报告。

的化学成分作了分析，但未见报道微量元素的含量分析。为此，我们首先将宝丰出土的宋代古瓷片，用萤光光谱进行了定性分析，确定其主要化学组成，而后用光谱进行了半定量分析，初步确定了各元素的含量范围，以选择溶样方法和定量分析方法。最后以离子光谱为主，结合其他一些近代化学分析方法，进行了定量分析，分析结果示于表1、2。

表 1　汝窑天青釉的主要化学成分

釉号 / %	SiO₂	Al₂O₃	Fe₂O₃	CaO	MgO	K₂O	Na₂O	TiO₂	MnO	P₂O₅	BaO	SrO
古宝丰釉	67.27	14.33	1.52	9.43	1.21	3.73	2.01	0.20	0.11	0.31	/	/
文献（8）	69,93	11.76	1.76	9.87	0.68	3.60	1.24	0.22		0.8		
仿117#	71.19	9.21	1.32	8.64	1.09	6.08	0.52	0.23	0.035	0.25	/	0.020
仿209#	67.44	10.70	1.26	10.16	0.99	6.59	0.17	0.28	0.040	0.54	0.015	0.012
仿220#	68.48	11.24	1.32	9.33	1.28	7.44	0.18	0.31	0.028	0.70	/	/
仿222#	59.74	16.34	1.88	12.22	1.08	6.35	0.57	0.25	0.04	0.54	/	1.13

表 2　汝窑天青釉中微量化学元素（包括 Tb、La、Nd₂C、Sm、Gd、Dy、Y、Yb、Sc 等）

釉号 / ppm	ΣRE	Ba	Be	C	Cr	Cu	Ca	Li	Ni	Pb	Sr	V	zn	Bi	Ca	N₁	Nb	Ta	Zy
古宝丰	92.5	651.02	2.26	2.34	10.51	71.64	22.67	106.4	12.16	45.55	291.38	22.94	27.9	<10.0	<1.0	<4.0	26.29	<10.0	115.46
仿117#	89.46	728.3	<1.0	11.0	268.2	68.75	9.10	375.8	11.51	<13.0	165.75	31.97	114.8	<10.0	<1.0	<4.0	<12	<10.0	748.9
仿209#	91.62	659.7	<1.0	108.7	84.15	39.53	6.06	686.3	5.30	<13.0	101.20	<1.5	303.6	<10.0	<1.0	<4.0	<12	<10.0	112.27
仿220#	96.39	744.3	<1.0	5.43	49.82	39.87	11.29	431.5	7.02	<13.0	146.5	45.47	96.67	<10.0	<1.0	<4.0	<12	<10.0	236.5
仿222#	88.75	638.6	<1.0	103.19	263.5	25.3	5.53	346.5	4.65	<13.0	658.9	<1.5	119.13	<10.0	<1.0	<4.0	<12	<10.0	106.7

从表1、2中看出，（1）汝窑天青釉的化学成分除文献【8】报道的十种氧化物外，还含有28种微量氧化物，其中可作为釉色和变价元素的有17种；（2）古宝丰瓷片釉的分析结果，主要组分含量基本上与文献上一致【2、8】；（3）仿汝天青釉117#、209#、220#、222#的成分与文献【8】报道的宋代河南省宝丰青瓷釉的分析结果也基本上一致；（4）纵观文献中报道的宋代河南省汝瓷釉成分变化范围（SiO_2 68.09% ~ 69.93%；Al_2O_3 11.70% ~ 14.56%；Fe_2O_3 1.53% ~ 1.79%，TiO_2 0.22% ~ 0.35%；CaO 7.74% ~ 11.38%；MgO 0.58% ~ 1.43%；K_2O 2.51% ~ 4.28%；Na_2O 0.75% ~ 2.51%；P_2O_5 0.35% ~ 0.80%），可以认为在分析的误差范围内，表1、2中列出的四种仿汝天青釉均在合格范围之内。

仿汝天青釉配方的合理性依据，宋代河南汝天青釉中全铁含量（Fe_2O_3 + FeO）在1.53% ~ 1.79%，为主要呈色组分。在偏还原气氛下FeO含量高显青色，在有 Fe_2O_3 存在时显黄色。在宋汝釉中 TiO_2 为0.22% ~ 0.35%起辅助调色作用。M_nO 含量为0.09% ~ 0.28%，当其含量偏高时，增加釉的红色色调。釉中 Al_2O_3 增大釉的硬度；

Al_2O_3 : SiO_2 = 1 : 10 为釉的最佳光泽范围，

在汝天青釉中，

Al_2O_3 : SiO_2 = 1 : 5 ~ 6 之间。釉中MgO降低釉的热膨胀系数，增加釉的表面张力，提高釉的耐火度。釉中的CaO增加釉的硬度，耐磨、抗水、抗稀酸侵蚀，抗风化能力，降低膨胀系数，防止釉的开裂，提高釉的折射率和光亮度。K_2O 和 Na_2O 的作用相同，增加釉的流动性，促进色料呈色均匀化，也有增大折射率，提高光亮度的效果。P_2O_5 有可能生成磷酸亚铁产生汝天青釉的表面裂纹；此外 P_2O_5 同时还是乳浊剂，增大折射率，提高釉的光亮度[6]。我们认为在汝窑天青釉中不能忽视微量元素的作用，尤其是稀土元素，如在 $SiO_2 - Al_2O_3$ 的釉中，CeO_2 的乳浊效果远优于 Sno_2。

汝窑天青釉的物理、化学与力学性质与仿汝窑天青釉的物理、化学与力学性质分别示于表3、4。

表3　汝天青釉的物理与化学性质

釉 ＼ 性质	软化℃		还原气氛 σ1200N/cm	还原气氛 Z1200PaS	小（℃）$^{-1}$	密度 d g/cm³	导热系数 J/cmS℃	等压热熔 cp
	T 始	T 末						
仿汝 117 号釉	1160	1180	305×10^{-3}	228.8	5.75×10^{-6}	2.84	8.58×10^{-5}	0.191
古宝丰釉 （计算值）	1101	1353	367×10^{-3}	102.3	5.9×10^{-6}	2.05	4.64×10^{-5}	0.193

表4　汝天青釉的力学性质

釉 ＼ 性质	抗拉 MPA	抗压 MPA	抗折 MPA	硬度 MPA	弹性模数 MPA
仿汝釉	74.44	898.3	11.28	6290	6.324×10^4
古宝丰釉	86.00	997.8		7040	7.565×10^4

由表3、4中可以看出：实测与计算的仿汝天青釉的物理化学性质及力学性质与古宝丰汝釉的物理化学性质基本一致，个别性质略有差异，如软化温度、黏度，表面张力等略有差别，而这种差别是与工艺条件相适应的。釉无需长时间加热而使其结构达到平衡，因此在达到均化状态之前黏度值是很重要的。根据工艺条件我们计算了古宝丰釉在1200℃还原气氛下的黏度值为102pas，低于相同条件下仿汝天青釉。这是由于古代烧成温度偏低，必须相应降低

黏度，提高釉的流动性，以有利于气体（CO、CO_2、H_2O 等等）的排出，以防止缺陷发生，因而在硅酸盐体系中增加了 CaO 的含量，破坏硅连，降低了黏度。选择适当的烧成温度，可以加大釉的黏度，因此仿汝釉的黏度略高，与现行工艺相匹配。表面张力在允许范围内希望尽量小一些，可将熔触面展开使釉面平滑，古宝丰釉在 1200℃ 还原气氛下计算的表面张力值略高于仿汝 117# 釉的值。古宝丰釉的软化温度也略低于仿汝天青釉，实测与理论分析一致。

粒度分析

釉的粒度分布状态不仅对于釉层厚度，甚至影响烧后的釉间状态，因此我们测定了仿汝釉的粒度分布。由图我们

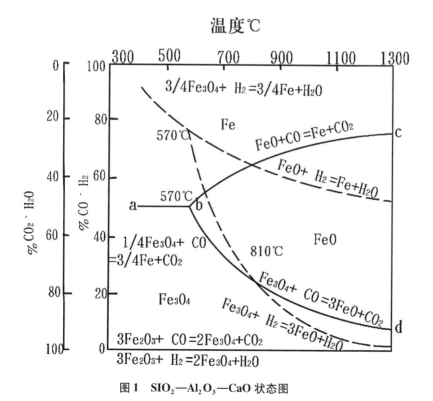

图 1　SIO_2—Al_2O_3—CaO 状态图

发现釉中平均直径为 2.72μm 的颗粒占 70%，粒度分布处于工业用新釉的粒度分布范围之内，见表 5。一般讲，釉越细，其性质越可以得到改善，但釉过细也会由此而产生缺陷（主要是针口和脱釉）。此外，经济成本也相应提高。

70.02	DIAM	2.72（μm）	
30.02	DIAM	1.72（μm）	
		DIAM	CUN
		（μm）	（U%）
1		4.000	80.3
2		2.000	57.0
3		1.000	20.5
4		0.500	5.6
5		0.200	2.3

<SA-CP3 CUMULATIUE GRAPH>
SAMPLE ID T-   LJH
SAMPLE #   1 87.11.21
DIAM.   (U %)

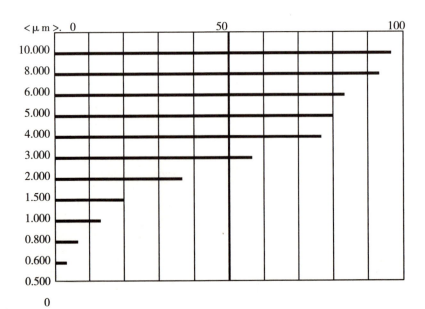

<SA-CP3 DIFFEREHTIRL GRAPH>

SAMPLE　ID　T-1　LJM

SAMPLE　#　1 87.11.21

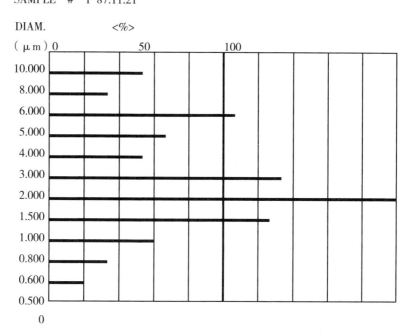

图2　天青与卵青釉的粒度分布

表5　新老釉粒分布表【6】

半径（μ）	工业新釉（%）	工业老釉（%）
8.3以上	12.3	13.3
8.3~2.5	35.3	43.1
2.5以下	52.4	43.6

　　由上图可以看出，釉的粒度分布是合理的。釉越细成釉的硬度越大，可以防止釉面开裂。但应同时注意釉中各种成分的粒度。

色度分析

仿汝天青釉的色度分析，陶瓷器一直是人类造型和装饰艺术的宝藏。我国的古陶瓷是科学技术与工艺美术完美的结合。仿汝瓷除艺术造型一致外，还必须使色调一致，仿古汝釉的化学成分和烧成的工艺条件，决定了仿汝釉为 Fe_2O_3 还原成色，借以相应其他组分调色而得到天青和卵青等色。为了检验仿汝瓷釉色的效果，除宏观比较外，还在日立分光光度计上做了色度分析。将仿天青、卵青与古宝丰瓷片的吸收峰相比较，发现相应的吸收峰弥合，证实宏观观察与微观分析一致。微小的差别在于仿汝釉红色色调略重，这可能是由于炉内还原气氛较弱的缘故。

图3　汝天青瓷釉色的宏观比较

由图我们可以看出，色度基本一致，但 220#、117# 釉反射率高于古宝丰釉。

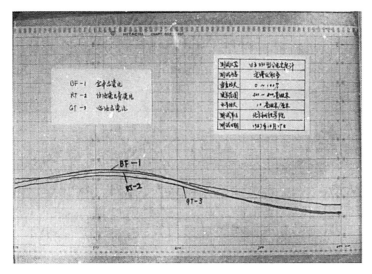

图4　仿天青瓷片与古宝丰瓷片色度比较

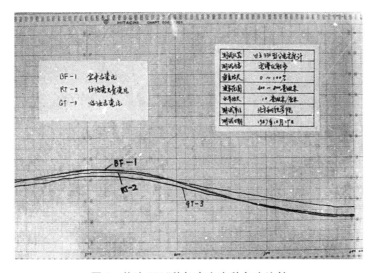

图5　仿汝 220#釉与古宝丰釉色度比较

二　胎的分析

1. 汝窑天青瓷胎的化学成分

我们用碱溶法 ICP 分析为主，辅以其他手段分析了汝瓷胎的化学成分，示于表6、7。

表6　古汝瓷胎与仿汝瓷胎的主要化学成分

胎样	SIO_2	Al_2O_3	Fe_2O_3	CaO	MgO	K_2O	Na_2O	TiO_2	MnO	P_2O_5
注浆	63.49	29.02	1.37	1.57	0.28	2.33	1.14	0.75	0.022	0.026
手拉	60.35	32.38	1.80	1.96	0.46	1.87	0.13	0.99	0.026	0.041
宝丰	64.47	28.35	2.14	1.27	0.48	1.79	0.096	1.32	0.025	0.064

表7　汝窑天青瓷胎中微量化学元素

ppm 胎	ΣRE	Ba	Be	Co	Cr	Cu	Ga	Li	Ni	Pb
注浆	121.24	291.61	2.87	6.72	36.34	12.44	29.02	81.12	9.70	102.1
手拉	199.41	339.88	3.35	14.43	51.52	16.69	32.44	158.3	12.27	111.6
宝丰	186.83	312.75	3.01	5.11	76.72	9.21	26.62	27.48	14.17	65.34

ppm 胎	Sr	V	Zn	Bi	Cd	Mo	Nb	Ta	Zr
注浆	99.10	60.65	32.84	<10.0	<1.0	5.41	22.77	<10.0	244.64
手拉	133.8	88.73	49.22	<10.0	<1.0	<4.0	27.14	<10.0	321.26
宝丰	96.5	131.2	40.5	<10.0	<1.0	<4.0	36.7	<10.0	257.98

ΣRE 包括 Th、La、Ce、Nd、Sm、Gd、Dy、Y、Yb、Sc 等。

由表6、7可以看出：（1）古宝丰胎与仿汝胎化学成分基本一致；（2）古宝丰胎 TiO_2 略高，有利于在相对较低的温度下促使形成细小的莫来石，使与石英一起构成胎的骨架；（3）古宝丰胎 Fe_2O_3 含量偏高，在还原气氛下使胎发黑，一定程度上降低了红色色调；（4）我们分析古宝丰瓷胎成分与文献【8】的结果（65.98% SiO_2，27.85% Al_2O_3，2.06% Fe_2O_3，1.29% TiO_2，1.55% K_2O，0.24% Na_2O，0.41% MgO，0.48% CaO）吻合较好；（5）综合文献【2、8】对宋代汝窑瓷胎分析的结果（SiO_2 64.13% ~ 65.95%，Al_2O_3 27.86% ~ 29.47%，Fe_2O_3 0.82% ~ 3.41%，CaO 0.40% ~0.71%，MgO 0.37% ~0.46%，K_2O 1.40% ~2.03%，Na_2O 0.24% ~0.71%，TiO_2 1.29% ~1.93%），可以看出仿汝瓷胎在此范围之内。

仿汝坯泥的差热和热重分析

我们在美国的 DTA 和 TG 设备上用 PE7500 计算机控温，进行了差热和热重分析，并用 PE7500 计算机自动记录，并处理了数据。

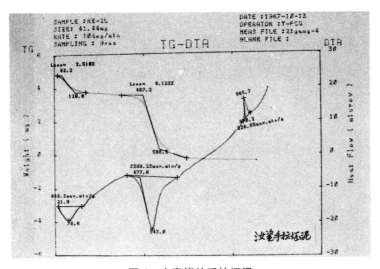

图6　未素烧的手拉坯泥

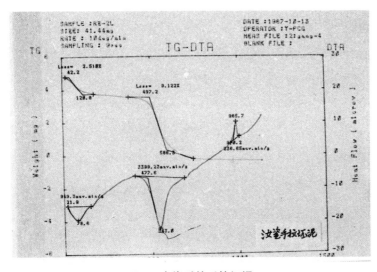

图7　素烧后的手拉坯泥

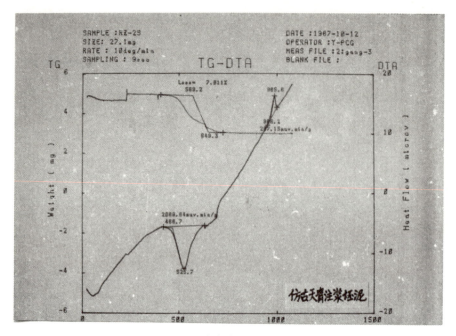

图8　未素烧的注浆泥

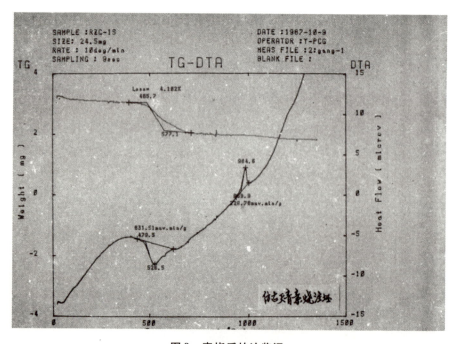

图9　素烧后的注浆泥

从上述分析结果可以看出：477℃～543℃高岭土脱水，未素烧的坯泥失重8.0%～10.0%，素烧后的坯泥失重2.0%～4.0%，脱水后的高岭土生成偏高岭石，并伴有吸热峰，其化学反应为：

$Al_2O_3 \cdot 2SiO_2 \cdot 2H_2O \xrightarrow{脱水} Al_2O_3 \cdot 2SiO_2 + 2H_2O \uparrow$

之后随温度升高，发生偏高岭石分解，其反应为：

$Al_2O_3 \cdot 2SiO_2 \rightarrow r - Al_2O_3 + 2SiO_2$

由图我们可以看到，当温度达到962℃～981℃ r － Al_2O_3开始结晶，伴有放热峰。

在1150℃～1250℃，Al_2O_3和SiO_2作用生成莫来石，其反应为：

$Al_2O_3 + 2SiO_2 \rightarrow Al_2O_3 \cdot SiO_2 + SiO_2$　硅线石

$3（Al_2O_3 \cdot SiO_2）\rightarrow 3Al_2O_3 \cdot 2SiO_2 + SiO_2$　莫来石

方石英

上图发现古宝丰胎化学反应不完全，在差热曲线上有明显的吸热峰，而经高温再烧后，古宝丰胎与仿汝胎的差热曲线基本一致。在1345℃从玻璃相析出鳞石英、CAS_2和莫来石，曲线上出现吸热峰。

汝瓷胎的物理性质和力学性质，仿汝胎与古宝丰胎的物性和力性数据分别示于表8、9。

表8　汝窑天青釉瓷的物理性质

胎＼性质	d 真密度 g/cm^2	g/cm^2 表现密度 g/cm^2	吸水率%	气孔率%	收缩率%	线胀系数 （℃）－1
仿汝胎	2.63	2.32	0.30	0.10	0.14	0.53×10^{-6}
古宝丰胎	2.75	2.16	7.35	0.21	0.50	3.07×10^{-6}

表9　汝瓷胎的力学性质

性质 胎	抗折 Mpa	抗拉 Mpa	抗压 Mpa	弹性模数 Mpa
仿汝胎	4.39	20.43	260	58840
古宝丰胎	缺样	缺样	210	

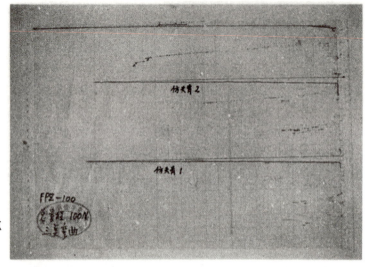

图10　仿汝胎三点弯曲测试曲线

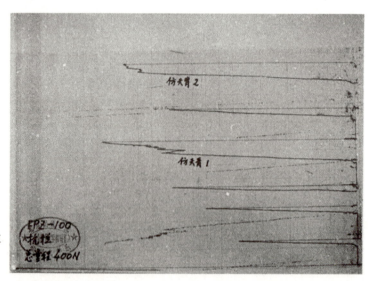

图11　仿汝胎抗拉试验结果

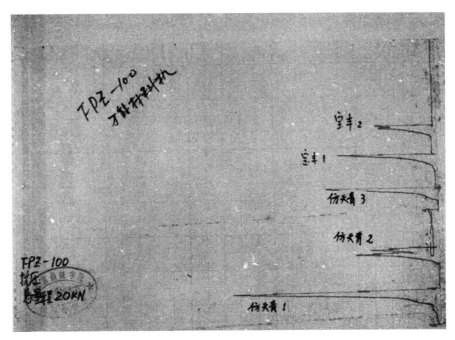

图 12　仿汝胎与古宝丰胎抗压试验结果比较

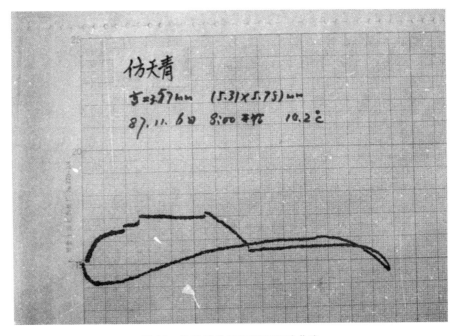

图 13　仿汝胎收缩和膨胀测试曲线

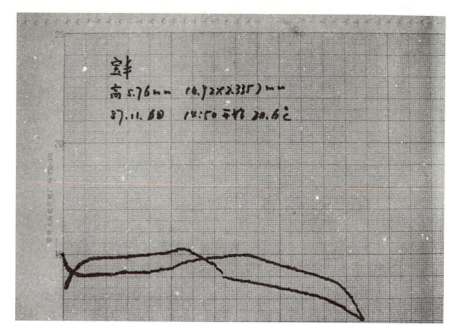

图 14　古宝丰胎膨胀与收缩测试结果

由表 8 汝窑天青瓷胎的物理性质可以看出，古宝丰胎的原料优于仿汝胎的原料，主要表现在古宝丰胎的真密度大于仿汝胎，而表观密度、吸水率、线胀系数都不如仿汝胎。这表明工艺水平的发展与提高，改善了胎的质量，这一结论与表 9 的力学性质的结果相吻合。

此外，我们对仿汝坯泥的粒度进行了分析。坯泥粒度分布为平均直径 4.97 μm 占 70%，平均直径 2.07 μm 占 30%。一般讲，注浆泥的粒度可以比可塑泥略粗一些，但大颗粒过多易产生坯体厚度不均匀；反之颗粒过细，触变性增大，易于絮凝。因此，构成注浆泥颗粒差别不宜过大，差别越小，泥浆的稳定性越好。仿汝注浆颗粒的分布是合理的。

汝窑天青釉瓷的显微结构分析

我们在宏观实验研究的基础上，对汝窑天青釉瓷器的显微结构进行了观察与分析，用 X 射线衍射定出了结晶相，用透射电镜衍射花样用平行四边行法对相结构进行了标定。用扫描电镜进行了断口形貌观察及相成分的半定量分析。归纳上述分析的结果，得到汝窑天青釉共有五个相，即：长石玻璃（非晶相）、气孔、莫来石、未熔化的石英和偶见的黏土质点[5]。

长石玻璃为非晶相，是由不同饱和程度的 Al_2O_3 与 SiO_2 构成的。其成分变化，在靠近 $d-SiO_2$ 周围为富硅的长石玻璃，硅的含量可达 45% ~ 60%。而在靠近 $r-Al_2O_3$ 处则有富铝的长石玻璃出现，玻璃相的作用在于：其一是促使生成莫来石，提高瓷质；其二是填充胎的空隙，以得到致密的坯体。然而，玻璃相也不宜过多，过多的玻璃相又有坏作用[3]。这表现在：一使骨架变软；二使坯体空腔反而增多，造成胎的机械性能明显下降。

由于气体的吸附和碳酸盐的分解，气孔在陶瓷中是不可忽视的相。当坯体玻璃化较完全时，气孔最少。仿汝瓷的残留之孔少于古宝丰瓷，因此仿汝瓷的力学性质优于古宝丰瓷。在烧制过程中，表面的气体易于排除，但由于高温下玻璃有一定黏度，气体无法完全排除，成为残留的气泡。在表面气孔与大气相连，称为开口气孔；在坯体内部，气孔不与大气相通，称为闭气孔（参见表 10、表 11）。

表10　3AI₂0₃、SI0₂的实验 d 值与 ASTM 卡中 d 值比较

仿官汝瓷 d 实	5.37	3.42	3.38	2.88	2.89	2.54		2.29	2.21	2.12
dASTM	5.39	3.43	3.38	2.89	2.69	2.54	2.45	2.29	2.21	0.12
古宝丰瓷 d 实	5.38	0.42	3.37	2.88	2.69	2.54	2.45		2.21	1.88
仿官汝瓷 d 实	4.84	1.71	1.69	1.60	1.52	1.46	1.44	1.37	1.33	
dASTM	1.84	1.71	1.69	1.59	1.52	1.46	1.44	1.39	1.33	
古宝丰瓷 d 实	1.71	1.69	1.60	1.52	2.12	1.46	1.44	1.37	1.33	

表11　d—方石英的 d 值与 ASTM 卡片中 d 值对照

仿汝瓷 d 实	4.09	2.88	2.50	2.14	1.24	1.71	1.69	1.60
ASTMd 值 A	4.05	2.84	2.48	2.12	1.87	1.73	1.69	1.61
古宝丰瓷 d 实	4.08	2.88	2.45	2.12		1.71	1.69	1.60
仿汝瓷 d 实	1.52	1.46	1.44	1.37	1.33	1.28	1.26	1.23
ASTMd 值 A	1.53	1.49	1.43	1.38	1.33	1.29	1.24	1.22
古宝丰瓷 d 实	1.54	1.46	1.44	1.37	1.33	1.28	1.76	1.20

　　莫来石在坯体中含量约10% ~30%，作为骨架。X－射线衍射表明在晶相中它为主相。在坯体中含莫来石越高，其耐高温、耐化学腐蚀性能也就越好。坯体的热稳定性也好。从JEM—1000 观察的结果看，仿天青釉瓷的莫来石多于古宝丰瓷，前者细小，后者较粗大，可见古宝丰瓷保温时间较长。仿汝瓷的瓷质优于古宝丰瓷。这与前边的分析是一致的。

　　未熔化的石英，以方石英存在，含量约为5% ~25%，低于莫来石，它与莫来石一起构成坯体的骨架。从 X—射线衍射分析的结果看，在晶相中它仅次于莫来石，居第二位。方石英的存在，提高了胎的抗变形能力。在仿汝瓷中石英分布均匀，在古宝丰瓷中石英分布不均匀。

除此之外，显微分析还发现了次相 $r—AI_2O_3\ TiO_2$ 和在古宝丰胎中偶见的黏土质点。

在国内外的陶瓷文献[6]中，均有这样的报道：釉中间层含莫来石晶体，晶体长 0.02mm，其发育方向与坯面垂直，改善了陶瓷制品的性能。但莫来石晶体在中间层过分发育，反而有发生釉层崩落缺陷的可能。这是因为莫来石的膨胀系数小于坯体和釉，在冷却时受到来自各向的压缩应力，而出现龟裂，使釉脱离坯体。我们在扫描电镜下仔细观察了釉层，未发现莫来石，但发现了微晶带，经能谱定量分析，其成分与玻璃相一样。

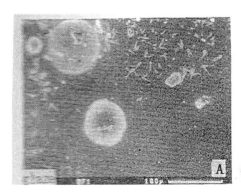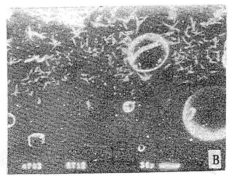

a 古宝丰釉　b 仿汝釉

图 15　古宝丰釉和仿汝釉层中的微晶玻璃相

仿汝瓷与古宝丰瓷不仅表观相同，甚至连釉层的微观结构都一致。

与坯体连接的釉层中常常有气泡富集，这与烧制过程中坯体气体的传递过程有关。

最后用扫描电镜对古宝丰瓷和仿汝瓷的断口进行了分析。我们认为坯体中的缩孔、孔隙等是主要的断裂源。众

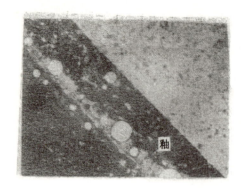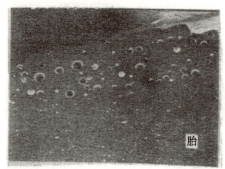

图 16　胎与釉界面

多的小孔隙成为小裂纹源，裂纹向四周扩展又形成小扩展区，最后断裂。古宝丰瓷气孔较多，因而机械性能较差。

综上分析，我们认为：仿汝天青釉瓷器从宏观上看与宋代汝窑天青釉瓷的色调一致，达到以假乱真的效果；从化学成分、物理化学性质比较基本一致，区别在于仿汝天青釉瓷的瓷质优于古天青釉汝瓷；从微观结构上看，相结构一致，釉层一致，区别在于莫来石、未熔石英等量的差异。

参考文献

［1］冯先铭：《中国古陶瓷论文集》第 201 页，文物出版社，1982 年。

［2］周仁、李家治：《中国古陶瓷研究论文集》第 115 页，轻工业出版社，1983 年。

［3］邓白：《中国古陶瓷论文集》第 220 页，文物出版社，1982 年。

［4］Li Guo zhen sh. entific and Tech no oLogical In. sight. s on Ancient chine. scpottay and porcolain，science press，1986 年 Beijing China，134。

［5］李国桢：《中国古陶瓷论文集》第 191 页，文物出版社，1982 年。

［6］素木洋一：《烧结详论 1》，昭和 43 年 10 月 20 日　株式会社技报堂 180。

［7］W. D Kingery et al Introdution to Ceramic. s 2[ed] John wiley and Son. s Inc　1976 年　124。

［8］郭演仪等：《中国古陶瓷论文集》第 10 页，文物出版社，1982 年。

第三部分
为了周总理的嘱托

回忆录

我被评为中国陶瓷艺术大师后不少人问我，是家传做汝瓷，还是怎么走上汝瓷研究这条路的？说来话长，也许是上天给我安排的一条曲曲折折而后通向汝瓷领域的路，也许是祖国的社会大潮把我冲到汝瓷这个领域里，一直让我走了一辈子，走了一生。

一　大炼钢铁使我走向社会

1958 年是中国历史上一个特殊的年代，毛泽东主席号召全国人民大炼钢铁，要让中国的钢铁产量超英赶美。

我家是一户很普通的城镇小市民，全家只靠妈妈在门口摆个小摊，给剧院绣戏衣、制作寿衣等挣钱糊口。为供应我们姐妹四个上学，只好把所有值钱的家具、院子里长的几棵树都卖掉了。为凑齐大姐上大学的路费和学费，每开一次学，妈妈就要典当出去几间房子，而自家只好挤在三间小房子里。我记得当时我家除了几张仅仅够用的木床外，什么都卖了，连桌子都卖光了，一张双斗桌仅换来 8 元钱。

大炼钢铁刚开始时，所有老百姓家锅笼盆勺只要是铁制的都要交出来砸碎送到炼铁厂去。我妈妈当时舍不得将蒸馍的铁笼砸烂，就偷偷地埋在麦草堆里，但是最终还是让人扒出来，砸烂送进了炼铁炉里。

当时，我在高中上二年级，全校停课炼钢铁。同学们分班分组在操场上建炼铁炉。所谓炉子，就不过是像鸡窝大小的土炉。女同学都到河里捞铁沙，每个人带一个小簸箕，跳进水里把河沙捧到簸箕里，然后放在水里，不停的左右摆弄，让水把白沙、黄沙冲走，剩下的黑沙就是铁沙，倒在岸上的容器里。深秋的风像刀子，河里的水刺骨的冷，同学们的手、腿、脚都被风刮得裂开了血口子。

男同学有的去砍树，做炼铁的燃料；有的持着大铁棍，当司炉工；有的摇风鼓。晚上打夜战，不停火，被子铺在操场上，看哪个班级能放出卫星来（超高产）。

正是这个年代奠定了我一生要走的路。

为了适应大炼钢铁形势发展的需要，老百姓的铁器砸完了，天冷也不能下河捞铁沙了，就开始找铁矿石，上级决定要成立一个钢铁化验室找富铁矿。当时缺乏人才，就从高中学校抽出 10 个男生，10 个女生，到县里进行培训，我就是其中的一个，这年我才 16 岁。

负责培训我们的老师是从郑州大学请来的一位化学系教授都恒坤老师。当时她还带来了一班化学系的毕业班学生。这些学生白天教我们化验铁矿石，晚上学习政治就是批判封资修。

培训期间都老师给我们讲无机化学，讲定性分析和定量分析。主要学习的分析项目有矿石中的氧化硅、氧化铁、氧化铝、氧化钙、氧化镁。学习化验室的有关理论、规则等。培训结束后我被分到临汝镇坡池铁矿，一方面化验分析找富铁矿；一方面为矿上培养化验员。

进化验室工作应该说比下河捞铁沙享福多了。但是，我的泪水不知偷偷地流了多少。我多么渴望学校生活，我多么渴望能升上大学，早在初中上学的时候，我的班主任对我说："今年有一个幼师名额，虽然全县只有一个，但我相信，凭你的学习成绩，是可以考上的。"我回家把这个信息向家里说了以后，全家人都反对，他们意见一致，要我上高中，考大学，做个有出息的人。可是现在，过早地走向社会，这一生再也不会有上学的机会了。

我应该是 60 届的毕业生，到了 1960 年，我们国家来了个教育大跃进，全校应届毕业生，全部被招收到大学还不够，又招了一些跃进班，即把没毕业的二年级学生也扩大招收到了大学。我看到这个大好机会失掉了，不知心里有多么后悔。

1962 年，是我们国家三年自然灾害时期，钢铁下马了，化验室解散了，我也被下放了。更残酷的是老天爷不睁眼，就在这时，我的父母不到一年时间，双双去世。大姐大学刚毕业，尚未分配，哥哥在玉门石油技工学校上学，家里二姐比我大一岁，两个女孩子，可怎么生活啊！当时，实在没办法，我就去找县教育局，我说，当时我从学校抽出来的时候是县教育局办的，现在还应该由县教育局负责来解决我的工作问题。可是局长说，原则是从哪里来，还到哪里去，你是从学校出来的，你还到学校去上学吧！天啊！我再去上学，谁供给学费呢？这一切，也只有用我的眼泪来回答了。

为了生活，我只好到乡下去当一名民办小学教师，与那里的一个与我同样命运的下放干部结了婚。这个学校只有初小四个班级，因师资缺乏，原有教师素质较低，每年只能送走四五个学生升入县办小学五年级。当年，我担任四年级班主任，全班二十几个学生，升入五年级的学生达到16个。第二年我就被聘到那个县办高级小学任教，当时还是个代课教师（即合同工）。我还担任该校高年级语文教研组的组长。在这个学校经历了文化大革命，每天给学生讲解毛主席语录，教唱革命歌曲。

二　我研究恢复了汝瓷，汝瓷塑造了我美丽的人生

1973年7月，一个偶然的机会，我接到县工业局的一个通知，让我到县工业局报到，接受一个新的任务。我到县工业局后才知道，原来是要恢复汝瓷，需成立一个陶瓷化验室，缺乏化验人员，因为我当年学过钢铁化验，因此，就成了一个当然的人选。

我到县工业局后，局长热情地接待了我，并向我说明了意图。原来是县里根据上级指示，要尽快恢复汝瓷生产，还听说这与日本前首相田中角荣访华有关。日本首相访华时周总理接待了他，他提出要喝杜康酒，要看汝瓷。周总理在指示伊川县加快恢复生产杜康酒的同时，还发出了要恢复祖国文化遗产的指示，汝瓷是宋代五大名窑之首，加之杜康酒也急需用名瓷包装，以提高其品位，就在这种情况下，汝瓷化验室就应运而生了。

我听了局长的介绍后，很高兴，当即接受了局里的介绍信，到蟒川乡严和店的瓷厂去报到。当时，按照工业局的指示，化验室暂时设在县汝瓷厂。所谓汝瓷厂，是当时全县唯一的一个生产陶瓷的工厂。这个厂厂址在离县城三十多里的蟒川乡严和店村，原是古代烧制豆绿釉的一个窑

址。解放前是一个资本家办的窑场，专门烧制粗瓷碗、缸、盆之类的陶瓷厂。解放后，经过改造成为一个国营瓷厂，产品仍以粗瓷为主。厂里有职工一百来名，大多是农村去的挺有力气而缺乏文化的人。因为当时这个厂是全县唯一的陶瓷厂，所以，要恢复汝瓷的任务，就落在这个厂工人们的肩上。

我到厂里一看，化验室只是个空屋子，一没设备，二无药品。怎样开展工作，听当时的厂长张全同志说，县里领导指示，先把停产后的织袜厂的化验设备调过来，能用的就用，缺什么再去购买。根据厂里领导的指示，我赶紧抽时间回家，将两个孩子暂时安排到亲戚家，然后步行几十里返回厂里，先找车子将织袜厂里的旧化验设备捡回来。因为织袜厂化验的内容主要是颜料的分析，与陶瓷化验不同，所以除少部分仪器能用以外，大部分设备和药品都需购买。特别是金坩埚、银坩埚。当时是计划经济，要购买金、银坩埚必须要有金和银的指标。这些指标当时是银行控制着。我还记得当时因为金银指标一时批不下来，厂里两位领导干部从家里拿来两块银元。指标批下来后，但不知什么地方会制做坩埚，后来经过多方打听，才找到郑州市郊区一个金银制品厂，金银坩埚总算有了着落。坩埚有了，我又到处跑着购买药品。责任心驱使我整天在郑州、洛阳跑个不停。药品和设备买好后，当我回厂里一看，一下子伤心透了。许多工人因为对我不够了解，厂里到处贴满了大字报，说我是开后门进厂的，扬言要把我轰出去（当时，我爱人在县委办公室当副主任）。我感到委屈极了，虽然我爱人在县委工作，但我确实是因为工作需要经县里把我从学校调进厂里来的。再说不懂化验专业的人，即使开后门进来能开展这项工作吗？但是有什么办法呢？我苦恼、生气，凭着我对这项工作的热爱，顶着工人们的白眼只管干自己的工作。回想我当时的处境，像犯了大错误一样，没有人敢主动接近我。我找厂领导，他也是刚刚被当成走资派批斗过，也不敢替我说句公道话。我的工作就是在这种气氛中开始的。

化验工作开始后，应从哪里入手？我考虑再三，并多次向厂长请示，最后确定还是从稳定汝瓷豆绿釉配方开始。因为在豆绿釉的研究方面，这个厂在我未去之前就有一定的基础。那是在 1965 年，有个老工人叫郭遂的老师傅，尽管他大字不识一个，但他对于落实周总理"恢复祖国文化遗产"的指示，很热心，对汝瓷研究很有兴趣。在厂领导的大力支持下，他跑遍了县里的山山水水，找矿石，搞实验，经过几年的努力，用很原始的笨办法，终于烧制成功了汝瓷豆绿釉产品，据说烧制的豆绿釉透花大花盆，还送到人民大会堂河南厅，他被选为全国劳模，受到国家领导人接见，豆绿釉产品在广交会上销的很好，并与省外贸签订了出口合同。但是，因为郭师傅不识字，对现代的科学技术知道甚少，所以他在研究过程中都是用的很原始的笨办法。比如说豆绿釉的配方，都是用的什么原料，每种原料用量多少，他不用天平、量杯，只知道凭经验，这种原料用几瓢，那种原料用几碗，往一处一混合就行了。因为数据不准确，一次和一次烧出的产品都不一样，成品率极低。

根据以上情况，我就虚心地拜郭师傅为老师，将他认定可用的原料进行化验分析，把配方进行筛选，去粗取精，标准计量，经过一段时间的试验，使汝瓷豆绿釉的胎釉配方很快稳定下来，并投入了批量生产，从此，结束了厂里生产技术没有科学数据的现象。

要说搞陶瓷我是个外行，很多东西不懂，得从头学起。为了尽快使自己熟练掌握陶瓷业务知识，在购买化验药品的同时，我还到书店购买有关陶瓷方面的书籍，陶瓷杂志，日用陶瓷手册等。平时，一有空就看陶瓷书籍，加上同郭师傅一起不断研究琢磨、切磋，使我很快对陶瓷有了较清晰的概念。

工作基本稳定后，厂里给我找一间小屋，我把大儿子带到厂里，在附近一个村子里上小学，二儿子仍然寄养在我二姐家，这样，减轻不少那渡河翻山之苦。曾记得有一年秋天，我太想孩子了，趁厂里月底歇息，我想把孩子接到厂里，大风刮得人睁不开眼睛，我一手拉着大孩子，背上背着老二，步行十多里到车站，下车后，又步行数里山路才到了工厂。还有一次是秋末冬初，放假后我回家看孩子，取过冬的衣服。假期结束该回厂了，老天爷却下起瓢泼大雨，汝河的水一个劲地往上涨，班车停发了。没办法，我到县城找两个同厂工人冒雨徒步回厂，到了河里我们手拉着手趟水过河，水齐腰深，浪子翻滚，只怕把孩子冲走，我们不敢有丝毫大意，摒住气趟过了河，浑身湿透，冷得直打寒颤，步行的路程整整是三十里啊！我们的厂址是严和店，群众都叫它黏坡店，雨中的山路好黏好黏，鞋子黏的泥巴都有四五斤，步子怎么也迈不开，脸上的雨水、泪水混合在一起，心想这大概是对我的考验吧！当时，我爱人虽然在县委办公室管着领导用的小车，但从未用公车送过我一次，因为他是党的干部，清廉的很！

由于国家对汝瓷的重视，1973年又投资新建一个汝瓷厂，厂址设在县城北边，也就是如今的西环路和北环路的交叉口（赵庄村）。1974年年底建成投产，这个厂专烧汝瓷，工人除招一部分外，大部分是从严和店老厂调过来的，我和化验室也就在这时搬迁到新厂来了，这个厂就是后来的工艺美术汝瓷厂，也叫汝瓷二厂。新厂刚刚开始，面临的第一个问题就是产品方向问题。当时是文革后期，正在批林批孔，加上人们的温饱问题还没解决，汝瓷花瓶国内根本没有市场，偶而有点合同，也是少的可怜。厂领导从经济利益出发，决定生产汝瓷酒瓶。全厂当时有两座馒头窑，一个四立方窑，一个六立方窑。开始是给汝阳、伊川烧杜康酒瓶，这大概与田中访华有关。

煤烧窑温差大，合格率太低，这样我与郭师傅就有了新的研究课题——研究高温釉和低温釉。离火口近的地方装高温釉，离火口远的地方装低温釉，这样虽然好一点，但因工人们素质较差稍不注意就装错，故这个问题，最后也没彻底解决，但是杜康酒的销售形势好极了，汝阳、伊川两家国有酒厂供不应求。当时酒厂附近的群众看到这种情况纷纷建起了小酒厂，牛毛毡搭个棚，放一口大锅就蒸起杜康酒来。所以，一时间伪酒、劣酒应运而生，充满市场。后来听说喝"杜康酒"出了人命，引起上级的重视，对汝阳、伊川的小酒厂进行了整顿，关停了绝大部分小酒厂，于是，杜康酒的销路一下子跌入了深谷。随着杜康酒销售形势的变化，酒瓶的销路也受到很大影响。厂里把酒瓶子拉出去赊给酒厂，多年讨不回来账。厂子进入了困境，只好又做起了粗瓷碗。粗瓷碗卖不出去，全厂处于半倒闭状态，汝瓷研究也搁浅了。

我厂自 1974 年投产以来，一直生产汝瓷，没有生产过任何彩瓷，由于厂里技术人员缺乏，我也没有机会出外学习和培训，对彩釉根本不懂，随着市场的变化，我厂建了一条 17 米长的推板窑，投产彩色釉，增加花色品种，面向全国酒厂，扩大酒瓶生产。厂领导要求我试验彩色釉，并让我担任新产品开发主任。于是我就抓紧自学了一些有关花釉的书籍和陶瓷杂志，边学习、边摸索、边试验，两年中收到了一定的成效。

1985 年研制了仿汝绿彩釉，投产后，很受用户欢迎，全年创产值 70 万元，盈利 6 万多元，当年就被评为平顶山市科研成果三等奖。

1986 年又研制了天青彩釉和粉黄釉，1987 年又研制成功了仿秦俑瓦灰釉，投产后都有较大批量定货，使西安酒一举成为旅游品热门货，西安酒厂把这种秦俑酒送到北京后，得到李鹏总理的称赞："这种包装很好，把古文明和现代包装结合起来，打破了包装瓷的旧传统。"单这一项生产就创产值 15 万元以上。

同年我又利用当地劣质原料研制成功了黑釉花盆胎釉配方，还研制了棕釉、绿釉、汝青釉、花釉等多种彩釉，投产后用户逐渐扩大。产品远销锦州、北京、武汉、四川、西安、山西、襄樊、豫东等地。使我厂两条推板窑产销两旺，创年产值 160 万元以上。

1987 年又研制成功了新汝釉，使我厂产品挤身于江苏市场，为我厂创出了较好的经济效益。多家用户闻迅后，到我厂签订了 27 万件合同。1988 年以来，每年有 60 万件合同。使我厂取得了建厂以来的最高经济水平，厂领导决定，职工代表大会通过，评我为先进工作者并给予我特殊奖励 6000 元。

1982 年上半年，北京通县料器厂派采购员到我厂求援。他们和美国签订一批盆景合同，可是原来提供花盆的瓷厂停产了，为了按时向外商交货，他们带着花盆样品到我厂，要求签订供货合同。厂长让我看了样品，是一种紫蓝色的花盆，他们要求花盆色泽不能有丝毫差别，还要求尽早供货。这种釉料我从没搞过，接受任务吧，怕搞不好误了人家的时间，不接受吧，他们说怕影响祖国声誉。看到他们焦急而又恳切的神态，我就毅然答应下来。厂长要求 10 天内拿出配方来，否则就无法按期交货。当晚我就寻找参考书，查找出成紫蓝色尖晶石的化学结构，第二天就计算配方。但是，有些原料厂里没有，让采购员去买又不知道哪里有，况且时间又不允许。在此情况下，我对厂里现有的原料化学成分作以普查，最后找到滑石和碎玻璃等又便宜又适合的代用品，获得了理想效果，在不到一周的时间里就拿出了配方，投入了批量生产。解决了这个厂家的燃眉之急，保证了祖国的声誉不受影响。在以后的几年里，我厂每年都给这个厂提供六七千件花盆。并为厂里创效益 20 万元以上。

1978 年省工艺美术公司给我厂拨 90 万元，建一条 65 米长的隧道窑。厂里派了一部分工人到浙江龙泉学习隧道窑的烧窑技术。1980 年学习人员回来后用隧道窑生产汝瓷碗、汝瓷茶具，还有部分伊川杜康酒瓶。

65 米长的隧道窑，是我厂一条主要生产线，它是决定全厂经济效益的关键环节。可是 1985 年投产以后，一直因为釉料烧成范围窄和新工人技术素质差而使产品质量上不去，基本处于亏损状态。为了解决这一问题，1986 年元月，厂领导让我担任试验（攻关）QC 小组组长，尽快解决这一技术难题。

从元月份起，我仔细分析和探讨了造成釉料烧成范围窄的原因是因为汝瓷烧成的还原反应是有一定技术要求的，如有违反这些要求的因素，就会造成产品釉面缺陷，而这些因素中影响最大的一个因素是釉料内的熔剂。我们使用的熔剂是一种天然矿石，成本低，熔化能力强，但它有一个缺点，容易吃烟，它的配比少了会导致窑炉烧成温度高，造成产品变形，匣钵使用寿命短等许多问题；配比多了，窑炉还原气氛浓，就容易使产品吸烟变黑，这一直是汝瓷生产中的老大难问题。多年来，虽然无数次修改配方，但都没有明显效果，我就决定打破旧的配料规范，寻求一个新的途径解决这一问题。为此，春节我也没有歇一天假，一方面寻找参考资料，一方面试验修改配方。当我自学了《催化剂的制备》这一篇论文以后，得到了极大的启发，自己设想制备了一种催化剂加入釉中，它可以使釉料在窑炉气氛较淡的情况下，充分完成还原反应，使釉面呈色良好。经过 17 次调试配方和 50 多次试烧，小试样品色泽纯正，呈色稳定，3 月份投入中试，产品质量显著提高，4 月 1 日投入大生产，此釉命名为十七号豆绿釉，投产后一举扭亏增盈。

十七号豆绿釉投产后，产品合格率由过去的 55% 提高到 85%，产品一、二级品率由过去的 52.4% 提高到 65.43%。隧道窑的月产值由过去的 8 万元，提高到 14 万元，每年净增产值 59.9 万元，节耗 6 万元。

汝瓷十七号豆绿釉做日用瓷清澈明快，做仿古陈列瓷稳重大方，在 1986 年全国工艺美术百花奖评比中，受到与会专家的一致称赞，荣获国家工艺美术百花奖金奖，为河南省争得了荣誉。并获得 1986 年河南省科研成果奖，1989 年又获河南省轻工科技腾飞奖。

1978 年，党的十一届三中全会召开了，整个中国有了新的生机。我和郭师傅一方面负责生产上的技术问题，一方面接受了河南省科委下达的汝瓷天蓝釉的研究恢复项目。汝瓷天蓝釉是宋代汝瓷民窑的一种釉色。过去我们对此种釉色都很陌生。为了完成这一项任务，我们决定先到蟒川乡考察古窑址，顺便到山上寻找陶瓷原料。在蟒川严和店、桃木沟、罗圈等地考察了三天，不但找到了古窑址，而且又在古窑址附近发现了不少陶瓷原料，对我们启发不小。回来后，我们又到大峪乡考察了多处古窑址，并在古窑址附近的堆积层里发现有木炭，也有煤灰，这一发现使我们认识到，古窑址有用煤烧的，也有用柴烧的，古窑址都和煤矿近。因为陶瓷原料有相当一部分是和煤伴生的，这为我们寻找制作天蓝釉汝瓷的原料提供了很好的线索。通过考察，我们把捡到的古瓷片和原料带回来，进行化验分析，根据古瓷片的化学成分，计算配方，在小窑内进行试烧，经过不断摸索试烧后，终于有了收获，出现了我们昼思夜想的天蓝釉。但是，令我们失望的是配方很不稳定，同样的釉料配方，这次烧出天蓝色了，下次再烧出来就成豆绿色了，这说明配方烧成范围窄。为解决这一问题，就继续调试配方，再试烧。就这样一次次地调整、试烧，但效果还是不理想。后来厂领导决定让我们到北京请教专家。这时我的思想产生了矛盾，心想是去，还是不去？不去吧，就要失掉一次很好的学习机会，特别是在试验的关键时刻，这次学习会关系到天蓝釉试验的成败问题，去吧，当时我的怀里还抱个不满 8 个月的小女儿，孩子怎么办？我思来想去，整整两天两夜没能好好睡觉，最后我牙一咬决定去北京。第二天我赶忙到街上买一个吸奶器和一袋奶粉，回到村上找了个老太太，让她帮我带孩子，我带上吸奶器就和厂领导一起赴京了。在北京先后到轻工部科学研究院、北师大，请教了几位专家，来来往往十多天，我一方面学习，一方面牵挂着扔在家里的小孩子，有时奶憋的疼了，就找个偏僻的地方，用吸奶器把奶吸出来。这次在北京学到了不少东西，特别是在北师大王琏教授处学会了三角绘图示性法，可以快速计算配方，这对加快我们试验的进度很有帮助。

从北京回来后我回家看孩子，带孩子的大娘说，她每天晚上要起来几次喂孩子喝奶粉，怕孩子受冷，十几天，她从没脱过衣服睡觉。我听后止不住热泪盈眶。大娘的尽心尽力使我感到，我的每一点成绩都离不开周围人对我的帮助和支持。

为了弄明白天蓝釉的呈色机理，写好试验总结报告和技术报告，我多次抱着孩子到郑州去请教省轻工研究所李志伊老师（高级工程师），还向华南工学院刘振群院长请教热工理论，并给上海硅酸盐研究所郭演仪研究员写信，请他帮助对试验品作鉴测分析。他们都是大人物，大专家，高级知识分子，但他们都是那样的可亲，诚恳，他们那一丝不苟的执教精神，永远铭刻在我的心中。

1983 年 4 月 24 日，天蓝釉鉴定会在我厂召开了，这是十一届三中全会以后，临汝县科技苑里绽放的第一朵鲜花。从全国各地来了 24 位古陶瓷专家，参加由河南省科委主持的恢复汝瓷天蓝釉技术鉴定会。会上专家们对天蓝釉这一成果给予了高度评价。他们一致称赞说："在条件这样差的工厂，能将失传近千年的汝瓷天蓝釉试验成功，真是难能可贵的!"全国八家报纸和省电台都报道了这一消息，为古陶瓷的恢复和发展开了先河。

在成绩面前，我没有沾沾自喜，因为专家们在肯定成果的同时，还向我们提议：汝瓷天蓝釉瓷器，在宋代只是民窑的东西，你们还需要继续努力，把宋代宫廷使用的汝瓷——汝瓷天青釉也研制恢复起来。专家们提出的这个问题，着实又使我多日睡不好觉。心想，连见都未曾见过的宫廷用瓷要恢复研制出来谈何容易，我觉得担子更重了，任务更艰巨了。

由于天蓝釉的研究成功，获得了河南省科技成果奖，我的个人荣誉也接踵而来，我被评为河南省三八红旗手，破格晋升为工程师。

开了天蓝釉鉴定会，我和郭师傅就下定决心要把汝官瓷（也就是汝窑天青釉，古代记载叫汝窑器）恢复起来，可是时隔不久，郭师傅到了退休年龄，他为了让儿子接班就匆忙地办了退休手续，回家乡了。他走后，先是省科委把恢复天青釉的项目定为重点攻关项目，下达到我厂，紧接着到1984年，省科委和国家轻工部联合向我厂正式下达了这一科研项目。郭师傅退休了，这个项目从立项开始就由我挂帅了。

汝官瓷的研究比天蓝釉的研究更难。在台湾出的《宋元陶瓷大全》这本书上称它是未发现窑址的窑，当时能找到一块瓷片可以与黄金等价交换，足见汝官瓷之珍贵。我想既然要恢复它，研制它，总得先认识它。怎样才能认识它呢？我想到了北京故宫博物院，当时的中国也只有故宫博物院才保存有汝官瓷。要想认识它，也只有到故宫了。当时我把这个想法向厂领导、县领导谈了谈，厂里、县里的领导都很支持，决定由县委书记陈文杰同志亲自带领我一同赴京。1984年过了春节陈书记陪同我到故宫博物院去，到故宫我们找到了陶瓷组的专家耿宝昌和刘伯崑先生。我们讲明来意后，他们可热情了，当即领我们到院办公室，办公室主任亲自为我们打报告，支持汝窑的恢复，并让院长签了字，而后通知布展处陈列部，让我们亲眼目睹国家的宝贝。耿宝昌、刘伯崑两位专家领我们到珍宝馆。这时，院领导已通知所有拿钥匙的馆员都到珍宝馆现场，四位馆员每人打开一把锁把那个装着汝窑弦纹尊的玻璃柜打开了。两个专家带着白手套一人手捧着器物，一人连忙把一个绸缎做的小棉垫子放在桌子上，让我用手捧住看，并再三叮嘱不能离开桌子看，因为它是价值连城的国宝。

孟玉松在汝官瓷鉴定会上向专家汇报汝官瓷试验过程

我摒住呼吸，聚精会神地看着这件国宝。我看它的釉色青中有绿，绿中有青，看它的光泽是那样的滋润，就像是玉石雕刻，看它的开片像石榴子儿一样层层叠叠。说它是国宝，实在是当之无愧。可惜三个腿有一个是断了的。到了下午我又去看时，展馆的棉帘子已放下来了，光线有些暗，我在展柜前久久地盯着它，它呈现出深蓝深蓝的颜色，难怪有古人记载说：汝窑是秘色，它的釉色随着光线的变化而变色。

我在心里品味着，我真想把这些特点含在嘴里，藏在肚子里。

我离开故宫回味着那汝窑的秘色，决心回家把它烧制出来。但我怀疑自己的记性，我想趁现在记忆犹新，赶快到大栅栏绸布市场去扯一块青中有绿的布料，以便回厂时，能时常拿出来作对照。

为了更多地了解汝窑知识，我又跑到北京沙滩书店，我找呀寻呀，终于买到了两本理想的书，一本是《中国陶瓷史》，一本是《中国名瓷工艺基础》，在这两本书里对汝窑的渊源及胎釉的化学成分都有详细的介绍，看后，受益匪浅，使我对汝窑的概念更加清晰。从北京回来后，我按照专家们提供的化学成分调试配方，调调试试，反复试烧，但总不会呈现出理想的釉色，更谈不上开片了，急得我团团转，没办法。1985 年我在郑州参加古陶瓷学术研讨会，会上听说宝丰清凉寺出土有天青釉汝瓷，与会专家一致要求到清凉寺文管所参观。会议安排大家到清凉寺，刚一下车，大家都到麦田寻找瓷片，我幸运地捡到一个小弦纹尊的腿，大家都围过来看，投来羡慕的眼光。从此，我有了真正的样板，我的考察目标也以清凉寺为主，经常去清凉寺找瓷片、找原料，有一次我和我们实验组的同事们刚坐上去宝丰的火车，雨就下起来了，我们又倒车坐韩庄煤矿的小火车，下了车虽然打着伞，可衣服全湿透了，鞋里灌满了水。我们冒着雨在小河边捡瓷片，捡到了几块淡青色的瓷片，装在手提袋里，又去山坡上找，坡上的坩子土太黏了（这可是做匣钵的原料），不小心就会滑下去，我们互相拉着手，防止滑倒。晚上住在韩庄煤矿招待所。第二天坐火车回来时，我的同事把捡到的瓷片放在手提袋里的信封里，被小偷以为是钱偷走了。过两天，天晴了我去找，这一次是趁厂里的拉煤车，天黑了司机摸不着路，几经周折回到家已是夜里1点了。工作是艰苦的，但我充满了信心。我多次到清凉寺找原料，发现我市蟒川乡和清凉寺接壤处整架山都是黄长石，我想这个矿源两边的窑场都可以用。有些料我们一时没找到，宝丰的袁海清老师帮我搞一些黄金土，王君子先生帮我收购了好多玛瑙，使我的实验有了起色，当我把配方试到41号时，我烧了几个小碟子拿上去故宫请教故宫专家，冯先铭老师、耿宝昌老师、李辉炳老师都说有点味。这是老师们对我的鼓励，可能还相差很远，所以耿老师又领我找院领导批准，再一次到珍宝馆打开展柜，让我亲手拿住那个弦纹尊细细地看。看完我去请教冯先铭先生，冯先生说："你真不简单，我看一次也是不容易的，你都看两次！"为了支持恢复汝瓷工作，他把他多年来积累的有关汝窑记载的笔记本交给了我，让我抄下来，我整整抄了一上午，从南宋到元、明、清，共计有27条。有记载向皇宫中进贡汝窑器数量的，有记载汝窑器特征的，有记载汝窑失传后感慨的……，下午他又将他珍藏的一块汝窑瓷片让我看。那是1977年冯先生和叶喆民先生在宝丰捡到的。这块瓷片经上海硅酸盐研究所化验后，只剩下指甲盖大小一块，冯先生珍惜地把它放在一个有机玻璃小盒里，他小心翼翼地拿出来让我看，让我用手摸一摸，感觉它的滋润和光滑。接着，我又拜访李辉炳研究员，他把台湾故宫博物院的汝窑传世品的图片一一翻拍下来，洗了三十多张交给我，每件器物都有正面和底足，他特别强调器物支钉多是三、五、七、九个单数，只有水仙盆是六个支钉，至今这些照片我还珍藏着。

耿宝昌先生把日本存的几件汝窑器的造型资料让我看，日文我不认识，耿先生翻译给我说，日语水仙盆意思是说装球根植物的盆。

配方试到 91 号时，我们烧了个汝窑盘子又拿上去故宫，见到耿老师，他用手指一弹说，这声音不对，汝窑器的声音很短，还需要改进。回来后我又修改了 8 个泥料配方，声音觉得可以了，但开片又不像了。于是，我又调试釉料配方，试到 145 号时有了明显的接近，但缺乏内涵，釉层遮透性差。于是，我又反复阅读了《中国古陶瓷史》中有关汝窑的章节，又反复琢磨着微量元素会起到相当大的作用，就又重新回到宝丰与临汝交界处找原料。终于找到一种矿石，与骨灰并用，收到了较好的效果，不但使釉面出现了"精光内涵"的艺术效果，而且釉面的灰色大大下降，和古瓷片相比更为接近，这就是 117 号釉，但化学成分中铝含量稍低，为使这一试验达到高标准，李国桢先生两次给我们写信指导解决这一问题。这是一个难度较大的问题，试验中只要含铝量稍有提高，就会使釉色发生极大的变化，从 177 号起，我们又一直试到 208 号仍然不行，试烧中样品都显蓝色而不显青色，釉面脂感也较差。恰好1987 年河南省文物研究所对清凉寺古窑址开始挖掘了，我到挖掘现场去，有八道持枪岗哨，不让随便进窑址，负责挖掘的郭木森、赵文军两位老师对我网开一面，亲自领我掀开帆布棚让我看窑址，但他们交待不准弯腰捡瓷片，他们把整理好的瓷片（都已分袋编号）摆在桌子上让我看，交待我看后还放原来袋子里，以防编号弄错。这一次我有三个收获：一、我看到瓷片釉厚处有翡翠的味道；二、支钉不是圆的，酷似一个个白色小芝麻，一头尖，一头圆；三、火小的瓷片是卵青色，火候正好的是天青色、粉青色，火大变绿色。火小釉下气泡小，火大釉下气泡大。看了出土样品回来后在釉料里又增加了玛瑙含量，又增加了釉层厚度，这就是试烧出来的 222 号釉料配方。222 号釉料配方和 8 号泥料配方结合烧出的实验品，我认为差不多了，就烧了一批实验品。1988 年 4 月，我选择了其中 4 件：三足奁、花瓣口碗、圆洗子、长颈瓶。送到故宫博物院，耿老师看完后说不错，成功了！于是，我就赠送给故宫博物院，故宫博物院发给我一个奖状。这下子我可松了一口气。

于是，我又到轻工部科学研究院找李国桢教授研究员，商讨准备开鉴定会的事，他说光由故宫专家肉眼看不行，还需理化测试，经他介绍让我们到北京科技大学作理化监测分析。北京科技大学物理化学系的李文超、王俭、彭育强教授承担了监测工作。首先将胎釉都作了化学分析，主要化学成分分析 10 个，微量元素，包括含万分之几的微量元素分析了 28 个。与古瓷片的化学成分作比较，胎釉的粒度分析，差热分析、力学性质、抗拉、抗压强度分析，莫来石结晶、釉下气泡都做了显微拍照对比。其中最重要的还有一条精密仪器测绘出的色度曲线，与古瓷片色度曲线几乎弥合。通过测试他们的结论是，综上分析我们认为：仿汝天青釉瓷器从宏观上看与宋代汝窑天青釉瓷的色调一致，达到以假乱真的效果，从化学成分、物理化学性质比较基本一致，区别在于仿汝天青釉的瓷质优于天青釉古汝瓷，从微观结构上看，相结构一致，釉层一致，区别在于莫来石未熔石英等量的差异。

1988 年过完春节，我一方面让研究小组同志们制作小试样品，另一方面，我亲自着手写试验总结报告和试验技术报告。由于自己的理论水平低，技术报告中，有很多理论方面的公式英文代号还要向李文超教授请教，有些显微结构的照片，李老师把底版照好了，我们还得自己洗，我只好住在北京，一方面请教，一方面写，从 5 月底一直写到 6 月底，为了使鉴定工作尽早进行，在北京白天去北京科技大学找李老师请教，晚上在旅馆里写报告，热得很了就冲冲凉水。为了冲洗报告中的图片，我和我的助手杨云超同事早饭后进入科技大学试验室的暗室里，一直洗到下午 5 点钟，中午连饭也顾不上吃，共洗了 2000 张。因为每份报告材料上都要贴上 37 张测试图片，印了 50 本报告材料（为鉴定会准备）。

在研究恢复天青釉的同时，我还进行着汝瓷月白釉的研制，这两个项目的技术报告是我同时在北京完成的，并在北京印刷成册，7 月初向省科委和轻工部作了汇报，鉴定时间定为 7 月 28 日，地点就在汝州市委招待所。

在鉴定会上北京科技大学李文超教授把监测报告的每一项内容都制作成幻灯片放出来，使每位鉴定专家都认识到汝瓷天青釉恢复工作的一丝不苟精神，在鉴定证书上签了字。当天晚上又对汝瓷月白釉也作了技术鉴定，汝窑的四种釉色天蓝、天青、月白、豆绿终于全面研究恢复成功。

全国妇联通知 9 月 1 日在北京人民大会堂召开全国第六次妇女代表大会，我被光荣地推选为大会代表，在 8 月 30 日的预备会上我又被推选为河南团的代表，8 月 31 日到中南海西花厅去看望邓颖超委员长，我向她赠送了汝瓷八卦鼎，并告诉邓大姐，我完成了周总理恢复汝窑的夙愿。邓大姐和我握手说：你是咱们妇女同志的骄傲。

9 月 1 日在大会开幕式上受到了邓小平、杨尚昆、李先念、李鹏、乔石等党和国家领导人的接见。

1992 年我被破格晋升为高级工程师。

1993 年经国务院批准我享受政府特殊津贴。

1997 年，我退休了，但割舍不下对汝瓷的感情，我认为汝瓷虽然研究成功了，还需要继续提高和发展。要为自己创造一个继续实验的条件，于是就带领几名下岗职工，创立了汝州市美术汝瓷厂古瓷分厂，又开始了汝窑研究和汝瓷生产的新探索。

1999 年 9 月，我厂仿古作品参加中国首届民间藏品展交会，一举夺得一等奖。1999 年 9 月 25 日，在国庆五十周年，人民大会堂落成四十周年前夕，我厂的新创作品"国泰民安"大花瓶被人民大会堂收藏，收藏仪式上我受到了全国人大副委员长雷洁琼等国家领导人的接见。

2004 年我研究发明了鸳鸯酒壶，能同时装两种酒，通过执壶者手指的控制，随时倒出所要求的酒，兼具实用性和趣味娱乐性。投入市场后，很受消费者欢迎。该项发明获得国家实用新型专利（专利号：ZL200420066485.6）。

2005 年，我又发明了汝瓷发光釉。它是用多种稀土元素配制以后，按照艺术家的设计把各种吉祥图案手绘到瓷器表面，再经过高温煅烧而成，对汝瓷进行再装饰。自然光或灯光充足时，它吸收储存光能，夜里或光线暗淡时把光释放出来，色彩晶莹亮丽，在保持汝瓷尊贵典雅的艺术特色下，把汝瓷装扮得更加富丽堂皇。这项发明获得了国家发明专利（专利号：5100928995）。用发光釉制作的作品"团龙盘"、"步步高升"、"喜上眉梢"等作品荣获中国第十二届艺术博览会金奖。中国古陶瓷学会会长耿宝昌先生看到汝瓷发光釉产品，由衷赞叹汝瓷的新发展，挥笔题词"流光溢彩"。

北京大学魏国英老师对全国有贡献的女同志进行社会调查，出了一本书《巾帼英雄》，她在调查稿的结尾说：孟玉松研究恢复了汝瓷手艺，汝瓷也塑造了她美丽的人生。

我的汝瓷生涯四十年

1958 年在临汝县科委化验室工作，参加了郑州大学化学系的培训，学习硅酸盐的化验技术。

1973 年调到临汝县汝瓷厂，建立了汝瓷化验室。

1975 年调到临汝县工艺美术汝瓷厂工作。

1983 年担任临汝县工艺美术汝瓷厂技术科长。

1983 年荣获河南省先进科技工作者称号。

1985 年荣获洛阳地区"女工之友先进个人"称号。

1985 年行政区划调整后临汝县隶属平顶山市管理。

1987 年 3 月荣获河南省女子成才奖，河南省"三八红旗手"称号。

1987 年 12 月荣获河南省妇联"建功成才技术能手"称号。

1988 年担任汝州市工艺美术汝瓷厂新产品研发中心主

任、技术科长。

1988 年 7 月晋升工程师。

1988 年 9 月参加全国第六次妇女代表大会，受到邓小平、李先念、杨尚昆、邓颖超、李鹏、乔石等党和国家领导人的接见，并合影留念；会议期间在中南海西花厅受邓颖超同志亲切会见，并将作品"八卦鼎"赠送邓颖超同志。

1988 年 9 月被聘为汝州市工艺美术汝瓷厂工程师。

（1988 年 10 月临汝县撤县改市为汝州市，临汝县工艺美术汝瓷厂更名为汝州市美术汝瓷厂）

1989 年 3 月再次荣获河南省"三八红旗手"称号。

1989 年 12 月荣获平顶山市先进工作者称号。

1990 年出席中国共产党河南省第五次代表大会。

1991 年 5 月被命名为平顶山市专业技术拔尖人才。

1992 年 4 月晋升为高级工程师，被评为平顶山市有特殊贡献的专家，荣获平顶山市"五一"劳动奖章。

1992 年 7 月聘为汝州市工艺美术汝瓷厂副总工程师。

1993 年开始享受国务院颁发的政府特殊津贴。

1995 年 5 月再次被命名为平顶山市专业技术拔尖人才。

1997 年 3 月荣获平顶山市"兴市模范"称号。

1997 年 4 月光荣退休。

1997 年 5 月创立汝州市美术汝瓷厂古瓷分厂。

1999 年汝州市美术汝瓷厂古瓷分厂更名为汝州市玉松汝瓷厂。

2001 年 13 件作品参加了由国家文物局和故宫博物院联合举办的宋代五大名窑真品暨仿品展，并被展会推荐为本次活动专家委员会委员。

2001 年被评为河南省工艺美术大师。

2002 年任中共河南省委宣传部《文明与宣传》理事会常务理事。

2004 年被评为河南省陶瓷艺术大师。

2004 年聘为中国民间文艺家协会、陶瓷艺术专业委员会委员。

2006 年 1 月汝州市玉松汝瓷厂更名为汝州市玉松汝瓷有限公司。

2006 年被批准为中国工艺美术家协会会员。

2006 年 7 月被河南省委宣传部、省文联评审认定为民间文化（汝瓷）杰出传承人。

2006 年 8 月荣获河南省"行业领军人物"称号。

2006 年 11 月荣获河南省"有突出贡献的陶瓷艺术大师"称号。汝州市玉松汝瓷有限公司荣获河南省"行业领军企业"称号。

2006 年 12 月国家发改委授予"全国工艺美术优秀创作"奖。

2008 年河南省陶玻协会聘任为陶瓷专家。

2008 年 6 月被授予"河南省首届非物质文化遗产（汝瓷烧制技艺）代表性传承人"。

2008 年 9 月受聘为郑州大学教育学院客座教授。

2008 年 11 月荣获中原陶瓷文化终身成就奖。

2009 年评为河南省陶玻行业先进工作者。

2009 年 7 月聘为河南省企事业法人代表权益保护协会第三届副会长。

2010 年被评为中国陶瓷艺术大师。

2010 年任河南省工艺美术行业协会第三届、第四届理事会、常务理事。

2010 年任汝州市陶瓷协会会长。

2012 年，被文化部认定为国家级非物质文化遗产代表性传承人。

科技创新

1983 年与郭遂师傅一起研究成功恢复了汝窑天蓝釉，获河南省科技成果奖。

1986 年主持研制的汝瓷 17 号豆绿釉，获河南省科技成果奖、河南省轻工科技腾飞奖。

1987 年主持研制恢复汝瓷月白釉，通过轻工部和省科委组织的技术鉴定，获平顶山市科技进步一等奖。

1988 年 7 月主持研究成功汝窑天青釉（即汝官瓷），通过轻工部和省科委组织的技术鉴定。

2004 年 6 月鸳鸯酒壶获实用新型专利，专利号为 ZL200420066485.6。

2005 年研究成功汝瓷发光釉获国家发明专利，专利号 ZL 2005100928995。

2007 年研究制做的虎枕获实用新型专利，专利号 ZL 200820220876.7。

2008 年制作连升三级加湿器获实用新型专利，专利号 200820180026.9。

在创新方面还有 60 多项外观新型专利。

学术研究

1985 年在中国古陶瓷研究会郑州年会上发表论文《对于汝窑天蓝釉的初步探讨》。

1989 年在上海古陶瓷科学技术国际讨论会上发表论文《汝窑天青釉的呈色热力学分析》。

1991 年和北京科技大学王俭教授合作，在《景德镇陶瓷》杂志第一卷第三期发表论文《汝瓷天青釉乳浊化机理分析》。

1992 年和北京科技大学李文超教授合作，在《景德镇陶瓷》杂志第二卷第四期发表论文《汝窑天青釉仿制技术的探讨》。

1995 年在上海古代陶瓷科学技术国际讨论会上发表论文《汝瓷月白釉研究》。并在《景德镇陶瓷》第五卷第三期也作了发表。

1997 年和郑大高正耀教授合作，在《核技术》杂志上发表论文《古汝瓷指纹元素散布分析》。

2004 年《金盘玉碗世称宝》在河南省《工艺美术》杂志上发表。

2005 年《影响汝瓷产品呈色因素分析》在《河南陶瓷》杂志上发表。

2006 年《清凉寺发现的陶瓷模具》，在《河南陶瓷》杂志上发表。

2009 年《中原陶瓷文化艺术珍宝——汝瓷虎枕的馆藏效应》在《河南陶瓷》杂志上发表。

2010 年《汝窑的辉煌》在《河南腾飞》论文集上发表。

获奖作品及收藏

1988 年作品被国家公安部选为国礼赠送朝鲜公安部。

1988 年 4 月作品三足尊、长颈瓶、花瓣口盘、圆洗子被北京故宫博物院收藏。

1988 年汝瓷天青釉作品被河南省博物馆收藏。

故宫博物院颁发
收藏汝瓷奖状

1990 年作品获中国工艺美术百花奖优秀新产品一等奖。

1991 年 11 月作品荣获全国"七五"星火计划成果博览会一等奖。

1999 年 9 月作品"汝瓷三羊尊"和"三足盘"获全国首届民间藏品展交会一等奖。

1999 年 9 月作品"国泰民安"大花瓶 在中华人民共和国建国五十周年，人民大会堂落成四十周年之际，被人民大会堂收藏。

2002 年作品弦纹尊获河南省民间工艺美术精品博览会金奖。

2004 年作品"熏炉"获河南省第四届民间工艺美术金鼎奖。

2004 年作品平底洗获第四届中国工艺美术大师作品博览会优秀奖。

2004 年 10 月弦纹尊等多件作品被澳大利亚澳华博物馆收藏。

2004 年汝瓷发光盘在第十二届中国艺术博览会获金奖。

2006 年孔雀洗获全国陶瓷艺术设计评比银奖。

2006 年腾龙发光盘在中国五大名窑

人民大会堂收藏"国泰民安"瓶证书

陶瓷作品展评中获银奖。

2007 年作品虎枕在第八届中国工艺美术大师作品暨工艺美术精品博览会上获百花杯银奖。

2008 年作品七宝出香在全省非物质文化遗产精品展示大赛活动中获一等奖。

2008 年在抗震救灾重建汶川名瓷名画慈善拍卖会上获银奖。

2008 年 8 月，作品孔雀洗荣获国家文物局颁发的"中华民族艺术珍品"称号，并由中华民族艺术珍品博物馆收藏。

2008 年 8 月，作品双耳炉由英国珍宝博物馆收藏。

2009 年 12 月，作品《童趣》在中国陶瓷工业协会举办的"闽龙杯"全国陶瓷原创设计大赛总评中荣获二等奖。同年《孔雀洗》在河南省艺术陶瓷作品展中获珍品奖。

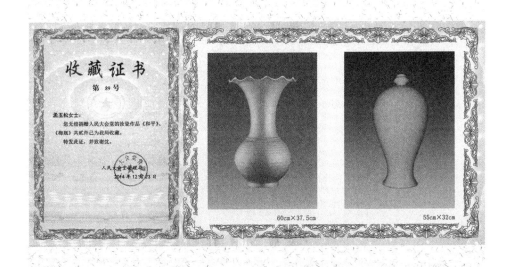

人民大会堂管理局颁发"和平"、梅瓶收藏证书

2009 年作品《桃洗》在第十届中国工艺美术大师作品博览会上获百花杯金奖。

2010 年 10 月，汝瓷三羊尊，分别被美国哈佛大学和耶鲁大学收藏。

2010 年作品《国色天香》在 2010 中国（深圳）第六届国际文化产业博览会获中国工艺美术创意奖金奖。

2011 年作品《百合洗》被新北市立莺歌陶瓷博物馆收藏。

2011 年作品《弦纹尊》获中国工艺美术大师展百花杯金奖。

2012 年，作品《三牺尊》在第二届"大地奖"陶瓷作品评比中荣获金奖。

2014 年，作品《和平》、梅瓶被人民大会堂收藏。

三 弘扬汝瓷文化、传承汝瓷文化

党的十八大提出要重视文物和非物质文化遗产的保护，弘扬中华文化，建设中华民族的精神家园。保护文化遗产，是一项刻不容缓的历史使命。

我们汝州的汝瓷文化是中华民族文化宝库里最引人注目的一个瑰宝，在中国陶瓷史上乃至世界陶瓷史上都占据着重要的地位，在青瓷发展史上有着里程碑的意义。传承汝瓷文化、弘扬汝瓷传统文化、保护好汝瓷文化，就是保护好我们民族生生不息的薪火，就是维护好我们的精神家园，对增强民族文化的凝聚力、吸引力和影响力，实现中华民族的伟大复兴都具有重要意义。

汝州的陶瓷文化有很深厚的积淀，传承汝瓷文化是为汝瓷的继续发展和提高所必须的。是功在当今，利在千秋的一项重要工程。汝瓷被国家确定为非物质文化遗产，更说明汝瓷这一文化瑰宝受到国家的重视，我们这一代人有责任把它保护好，传承好。把它发扬光大，也是历史赋予我们的重任。

2012 年我被文化部认定为国家级非物质文化遗产（汝瓷烧制技艺）代表性传承人，我向国家保证把汝瓷文化、汝瓷烧制技艺传承下去，使一代名窑健康有序地发展起来。

由于国家领导对文化事业的重视，全国人民物质生活和文化生活的不断提高，收藏队伍逐渐壮大，汝瓷文化的宣传成为人们的需求，也是我传承汝瓷文化的一项工作。

2007 年 9 月 2 日我受《大河报》和河南省陶瓷协会举办的大观讲堂的邀请讲汝瓷文化和烧制技艺。来自全国各地的藏友汇集省工会大厦，能容纳 200 多人的一楼多功能厅爆满，多位著名的收藏大家也专程赶来莅临听讲。

2008 年受西安《文化沙龙》的邀请在西安市举办一场汝瓷文化讲习会，听众们提出一些关心汝瓷文化的问题，说明他们迫切想了解汝瓷文化。

2009 年 11 月受北京林业大学材料科学技术学院研究生班的邀请向同学们讲解了汝瓷的艺术价值、经济价值和烧制工艺，同学们写感谢信说：特感谢您为我们带来一顿文化艺术大餐。

2011 年、2012 年两次到郑州大学马克思主义学院讲汝瓷文化，被该校聘为客座教授。

2011 年以来多次参加北京文化公司举办的"大师与藏友面对面的文化讲座"宣传汝瓷文化。

2012 年受平顶山学院和平顶山外国语学院邀请，宣讲汝瓷文化，为他们建立学习汝瓷实习基地，并兼任他们的辅导老师。

2013年春节，通过汝州电视台，向全市人民讲汝瓷，讲七节（一星期），效果很好，汝州市人民都很关心汝瓷的发展。

四 传承汝瓷技艺

1997年以来，我多次办学习班给工人讲解汝瓷的历史、汝瓷的艺术特点、呈色机理、生产工序、质量是企业的生命等理论。

2000年国营企业体制改革，国营瓷厂破产，我厂下岗职工相继都办起了个体瓷厂，感谢党的政策好，这些小汝瓷厂两年内发展到近百家，他们起步较晚经验不足。凡有汝瓷厂家找我寻求技术帮助的，都毫不保留地解答他们的问题，收徒数十人。

2014年河南省非遗处和汝州市文化局共同举办的汝瓷文化讲习所，汝州市70多家生产企业都参加了培训，我在培训会上讲述了汝瓷烧制中的物理化学变化，并解答了烧成中出现的缺陷和产生的原因及解决办法。

2010年4月我和几个骨干厂家把大家组织起来，成立了汝州市陶瓷协会，大家推举我当会长，到9月份经中国陶瓷协会批准在汝州市举办首届国际汝瓷节，协会组织大家踊跃参加提供展品，对提升汝瓷文化知名度起到很大推动作用。协会还不断组织大家参与汝瓷研讨会交流技艺，作品展览评比等活动，促进汝瓷产业发展。2014年协会组织会员们参与公益活动，义卖救济贫困群众，受到地方政府的表扬。

2006 年我把汝瓷的烧制技艺传承给了儿媳李晓涓，她接了我的班，担任河南省汝瓷工程技术研究中心主任和玉松汝瓷有限公司总经理。她敢于创新，不辞辛苦，取得了可喜的成绩，已晋升为河南省陶瓷艺术大师、河南省工艺美术大师、高级工艺美术师，多件作品已被外交部亚洲司选作外交活动高端礼品。我女儿王向群也成立了工作室，她的作品在汝瓷界颇受好评。我相信玉松汝瓷的明天会更加美好，希望我培养指导过的新一代汝瓷人青出于蓝而胜于蓝，把祖国的汝瓷艺术瑰宝发扬光大，一代一代传承下去。

附录 1

汝瓷月白釉研究

李文超　李　钒　王　俭（北京科技大学）

孟玉松　杨云超（河南汝州市工艺美术汝瓷厂）

孙贵如（有色金属研究总院）

摘　要

汝瓷月白釉自元代失传，至今已数百年。在仿制过程中由于影响因素较多，因而成功几率较低。本工作利用计算机模式识别，在多维空间中找出"目标区域"，得到仿制过程中工艺参数的变化规律。而后，利用"逆映照"在目标区域中选择仿制工艺参数，从而稳定了工艺，大大提高了仿制品的成功率。

一　前　言

河南临汝县境内已发现了 25 处宋代古窑址，其中 2 处古窑址有汝瓷月白釉瓷片。汝瓷月白釉，釉层浑厚，似玉非玉蓝中透白，白中泛青，且釉面常带红色和紫色不规则斑点。对釉层进行了等离子光谱分析，其釉成分介于钧

釉和汝瓷天青釉之间。经反复试验，终于仿制成功，填补
了古陶瓷仿制史上的一项空白。

二　仿制工艺设计

1. 原料选定，在古窑址附近考察了陶瓷原料，发现所
有原料种类齐全，且储量大，对主要原料进行了化学分
析。示于表 - 1。

2. 月白釉配方确定以古窑址中出土的宋代汝瓷月白
釉碎片釉层 IPC 分析的结果为基础，参照文献［1～3］宋
代汝釉、钧釉的化学式，再结合金格瑞提出 1473KT 釉的
等温截面图，使仿制釉成分代表点落在液—液分层区内。
于是仿月白釉的化学成分基本确定，示于表 - 2。

表 - 1　主要原料的化学成分

原料	$SiO_2\%$	$Al_2O_3\%$	$Fe_2O_3\%$	$CaO\%$	$MgO\%$	$K_2O\%$	$Na_2O\%$	$TiO_2\%$	烧失%
长石	59.38	17.96	0.16	0.34	0.20	12.91	2.21		6.85
石英	98.99	0.10	0.05	0.10	0.10	0.10	0.05		0.52
黏土	43.52	40.62	0.84	0.53	0.41	0.60	0.90	0.96	11.63
黑长石	58.95	12.82	5.11	4.23	2.53	9.34	0.61	0.73	4.8
黄金土	36.91	1.97	15.26	4.31	2.27	3.17	1.58		34.52

可初步确认，汝瓷月白釉是以临汝县原料为基础配制的。

表 - 2　有关釉的化学成分

古釉	$SiO_2\%$	$TiO_2\%$	$Al_2O_3\%$	$Fe_2O_3\%$	$CaO\%$	$MgO\%$	$K_2O\%$	$Na_2O\%$	$MnO\%$	$P_2O_5\%$	烧失%
汝釉	58.91	0.37	15.56	2.11	14.35	2.28	4.55	0.85	0.28	0.73	［1～2］
钧釉	71.19	0.30	9.63	2.12	10.70	1.00	4.47	0.49	0.10		［1～3］
月白釉	70.48	0.23	8.60	1.27	9.42	1.99	6.34	0.12	0.10	0.32	

由表－2可以看出，月白釉铁离子仍是主要成色元素；这与穆斯堡尔谱分析的结果相吻合。钛和锰离子起辅助成色作用。另外对釉中红斑或紫色斑点进行了俄歇谱仪分析，证实零价铜和一价铜离子起主要呈色作用。透射电镜分析，发现月白釉中存在两种球形的非晶颗粒，证实液—液分相对光的反射等作用，使釉面出现乳光晶莹的艺术效果。

3. 烧成工艺参数的确定，综合前人的研究结果可以看出，影响变色釉的呈色机理除釉的化学成分外，温度、气氛是至关重要的因素。根据月白釉软化点测试（1160℃）和出土宋代月白釉瓷片的差热分析结果（相变点为1250℃），即烧成温度，因此烧成温度范围定在1200℃ ~ 1300℃。用固体电解质电池测定了隧道窑和倒焰窑中煤气成分，CO含量在1.0℃ ~ 9.0%之间。在实验室用正交设计找出了三个主要因素影响顺序（依次为温度、CO含量、釉中Fe_2O_3含量）。在大量实验室和工厂扩大试验的基础上，利用计算机统计模式识别主成分分析法，选择了八个主要影响因素（SiO_2/Al_2O_3、Fe_2O_3、$CaO + MgO$、$K_2O + Na_2O$、TiO_2、P_2O_5、温度、气氛），在八维模式空间中，找出了目标区域，优化了工艺参数（见表3）。

投影坐标：

PC（2）： $-0.25X_1 - 0.20X_2 + 0.55X_3 + 0.12X_4 + 0.34X_5 + 0.64X_6 - 0.20X_7 - 0.13X_8$

PC（5）： $-0.15X_1 - 4.59 \times 10 - 2X_2 + 5.10 \times 10 - 2X_3 - 0.15X_4 + 0.28X_5 + 0.05X_6 - + 0.36X_7 + 0.86X_8$

三 仿制结果

在优化后的工艺条件下，得到了仿宋代汝瓷月白釉产

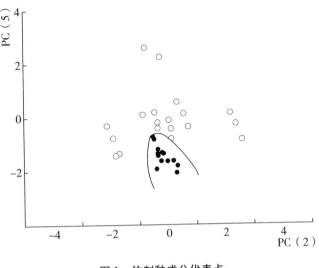

图1　仿制釉成分代表点

品，釉的色调（见图1）、显微结构（见图2）均与宋代出土的瓷片相一致。

由图2可以看出当 $\lambda > 750nm$ 后仿月白釉的红色色调偏重，这可解释为 MnO_2、TiO_2 在釉料中含量偏高之故。

由图2可以看出，古月白釉基本玻璃化，偶尔未熔化石英；仿月白釉玻璃化较好。

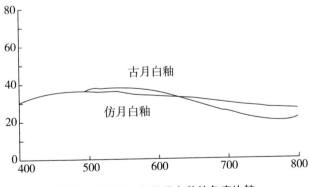

图2　古月白釉与仿月白釉的色度比较

参考文献

［1］周仁、李家治:《中国古陶瓷研究论文集》第 124 页，轻工出版社，1983 年。

［2］周仁、李家治:《中国古陶瓷研究论文集》第 302 页，文物出版社，1982 年。

［3］金格瑞:《中国古陶瓷论文集（英文版)》，科学出版社，1986，P. 182。

（原载:《景德镇陶瓷》第五卷第三期（总第 69 期))

附录 2

汝窑的辉煌

孟玉松

　　汝窑瓷器是我国宋代"汝、官、哥、定、钧"五大名瓷之首，历史上有"汝窑为魁"之说（宋·叶寘《坦斋笔衡》）。汝瓷把青瓷之美推向极致。在青色釉方面，铁的还原以至完成阶段，在我国陶瓷发展史上是一个划时代的里程碑（《中国陶瓷史》，文物出版社）；在陶瓷造型艺术方面，她不仅将汉唐以来，中国写意手法推向新的高度，而且开启了中国写实造型艺术的先河，是中国陶瓷造型艺术"形神兼备"的典范之作。

　　汝窑瓷器最为精美主要表现在它的造型古朴刚劲，釉面温润如玉。《中国陶瓷史》说，汝窑瓷器把传统的青釉瓷器提升到一个新的高峰。对以后青釉瓷器的发展产生巨大影响。这种影响不仅表现在釉色、造型和装烧方式上，更重要的是汝窑的出现改变了人们对瓷器传统的审美习惯，人们不再一味追求瓷器的外表，转而更加追求器物内在的韵味和意境。它上承青色瓷的精粹，下启官窑之先河。制作工艺精湛，造型庄重而秀美。釉面雅静而内蕴，布满蟹爪纹或鱼鳞纹，美若天成、质如碧玉、色似青天，美不胜收。

汝窑瓷器精美的艺术效果与汝窑工匠们质朴的美学理念及其对这种理念孜孜不倦地追求是分不开的。除了在造型设计方面的努力，在生产工艺方面也想了很多办法：

1. 对泥料的加工有独到之处。在古窑址挖掘中可以看到，汝窑工匠们把木炭粉加入泥料中。木炭粉有很强的吸附能力，在泥坯成型后，可以加快坯体的干燥，防止坯体的变形。在经高温烧成时，木炭变成了草木灰，呈碱性（含氧化钾和氧化钙），使坯体瓷化早熟。

2. 在釉料中加入玛瑙。

南宋人周辉《清波杂志》云："汝窑宫中禁烧，内有玛瑙为釉，唯供御拣退方许出卖。近尤难得。"玛瑙的化学成分是二氧化硅，在釉料中的作用是提高釉的高温黏度。并使釉面光泽好。

3. 对窑炉的改造：汝窑在初创阶段，主要烧制民用瓷器，宋代早期斗茶风盛行，多烧黑色茶盏和民用的白色餐具。黑色、白色瓷器对窑炉气氛要求不严格。窑工们利用当地丰富的煤矿资源，用煤烧窑。因为煤的燃点高，所以窑炉建筑中需要有通风口和出渣坑。当时的马蹄形窑炉后端左右横向并排两个烟囱，也是便于通风的举措。进入发展阶段，开始试烧少量的青瓷。他们发现青瓷需要还原气氛，不能有过多的通风，于是就把窑炉建在半地下的坑里。如果在台地上建窑，就在窑炉周围垒上围墙。在围墙与窑炉之间填土至窑顶。其用意就是减少通风，使窑炉内产生一定量的一氧化碳，炉内呈现还原气氛。这样对青色的产生有所提高。但还达不到他们理想的釉色效果。为解决这一问题，他们改用柴烧。柴烧窑不需要通风口和出渣坑，减少了通风，控制了还原气氛，烧出了理想的青色。

4. 掌握恰到好处的烧成温度，釉料刚刚成熟，釉面既光滑又不产生刺目的玻璃光泽。

5. 很好地掌握了烧成中的保温制度，使釉料的还原反应稳定进行，釉层内产生均匀的釉泡，使釉产生乳浊效果。

6. 在烧制过程中，窑工们还发现成瓷后冷却阶段的保温十分重要，他们将匣钵外边涂上厚厚的耐火泥（有的匣钵还多次涂泥）。为了使冷却阶段更好地保温，他们把马蹄形的窑炉又改建成椭圆形的连体窑，连体窑中间的一道窑墙对左右两窑都起到传热作用。对停火的一面窑起到保温作用。对点火的一面窑起到节约热量的作用。

冷却阶段的保温为什么非常重要？

轻工部科学研究院的老专家李国桢教授、上海硅酸盐研究所的郭演仪研究员、中国科技大学冯敏等教授，用电子显微镜观察到汝瓷釉内有一半以上的短针状钙长石结晶。这些结晶以杂乱取向的方式长在釉中，使釉对光的吸收、扩散和反射产生很大影响，把镜面反射变成漫反射，所以汝瓷的釉面就产生了温润如玉的质感。

汝瓷釉的配比中有高于任何瓷器釉料中的氧化钙和三氧化二铝的含量，便是促成钙长石结晶形成的基础。

我在实验和生产实践中也证实了这一点。为了弄清窑炉冷却阶段对釉产生的影响，装窑时我们多装些火照。当窑温升到1250℃止火时，挑出一个火照，一看釉面光滑成熟了，就赶快止火。这一火照冷却后呈现绿色的釉面，当窑温降到1100℃时再挑出一个火照，仍然显绿色，当窑温降到1000℃时，挑出一个火照，开始显青色，窑温降到

900℃时，挑出的火照完全变成了青色，这是因为釉在冷却过程中1000℃～900℃这一阶段是生成钙长石结晶的温度范围。1000℃以上在窑炉里取出的火照因为没来得及结晶就硬化了，所以显绿色不显青色。

专家们通过对多块古汝瓷片在电子显微镜下的观察，认为钙长石的结晶越多，青蓝色越浓重，釉面温润感越强。古代窑工没有监测设备，但他们善于观察和探索，发现了这一规律，并能很好地掌握运用，才把汝瓷烧成纯净的青色像玉石一样温润，受到人们的喜爱。汝瓷那雨过天晴的青色更符合宋朝宫廷的审美理念。所以被选为宫廷用瓷。汝窑从1086年作为宫廷用瓷到1126年北宋灭亡，在战乱中失传，共经历了40年的辉煌时期。到了清代康熙、乾隆二帝对汝窑器更是喜爱有加，下旨景德镇御窑场按传世汝瓷进行仿烧。但有形似神不似的缺憾。乾隆皇帝在一件圆形汝瓷洗上题写一首诗："赵宋青窑建汝州，传闻玛瑙末为釉，而今景德无斯法，亦自出蓝宝色浮。"

汝窑在失传的八百多年间，历代仿烧不绝，但无一成功。新中国成立后，周总理提出了恢复祖国文化遗产，尽快恢复历史名窑的指示。我们这一代汝瓷工作者，响应周总理的号召，坚持科学的仿制方向，历尽艰辛，终于在1988年把汝窑生产工艺研究恢复成功，通过轻工部组织的技术鉴定，并在继承传统的基础上不断创新，正在创造着汝窑新的辉煌。

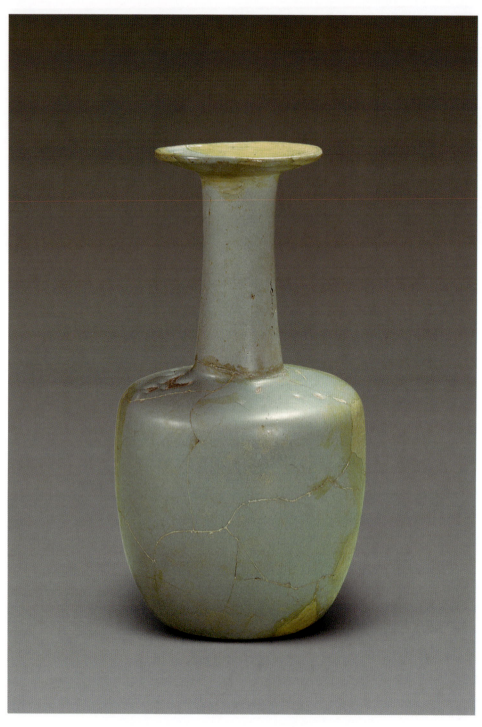

汝窑天青釉盘口瓶　宋　河南省文物研究所藏

汝窑天青釉三足樽　宋　故宫博物院藏

汝窑天青釉盘 宋 上海博物馆藏

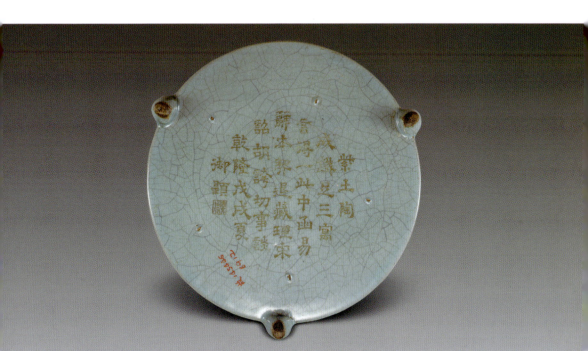

汝窑天青釉三足盘　宋　故宫博物院藏

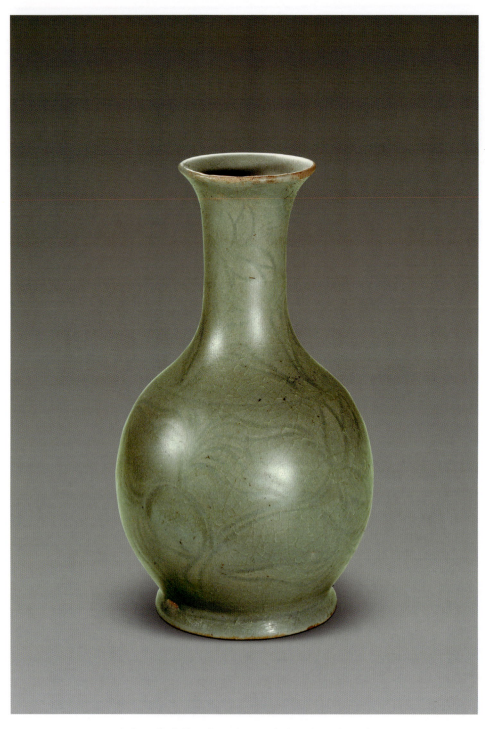

汝窑天蓝釉鹅颈瓶　宋　河南省文物研究所藏

汝窑胆式瓶　宋　首都博物馆藏

汝窑天青釉盘及盘外底支钉　宋　天津艺术博物馆藏

汝窑天青釉熏炉底座　宋　河南省博物院藏

汝窑天青釉龙首八棱杯 宋 首都博物馆藏

"国泰民安"龙耳瓶　（人民大会堂收藏）

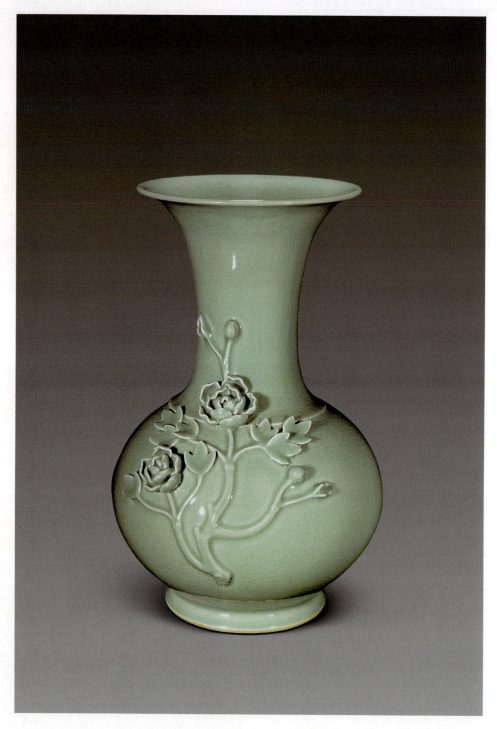

"国色天香"侈口瓶

千峰叠翠　口径29厘米，高10厘米，足径25厘米，腹径35厘米

通弦瓶　口径6厘米，高11厘米，足径12厘米，腹径23.5厘米

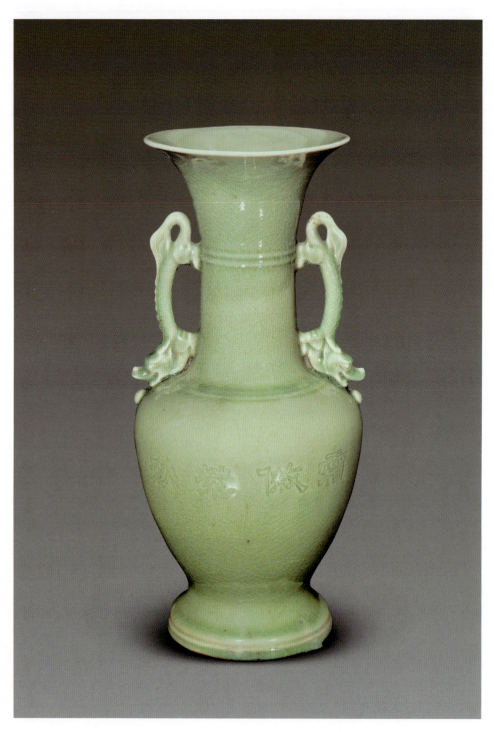

秋菊傲霜　口径 17.8 厘米，高 38.5 厘米，腹径 18 厘米

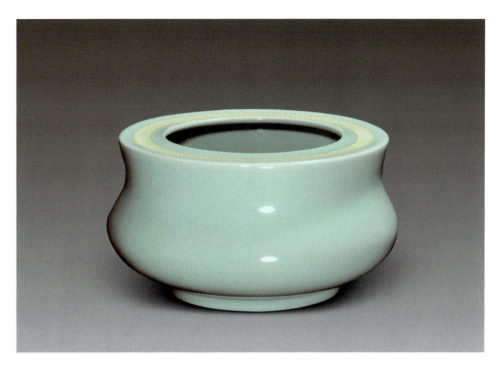

乾坤尊　口径 13.5 厘米，高 12 厘米，足径 14 厘米，腹径 24 厘米

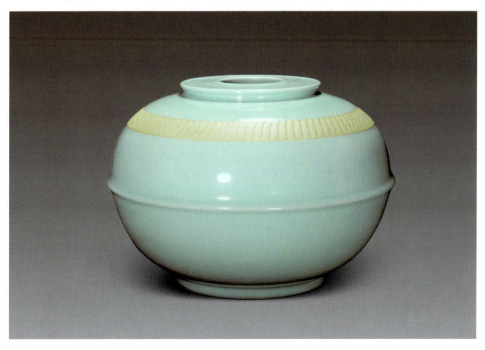

宜和尊　口径 17.5 厘米　高 26 厘米　足径 19.5 厘米　腹径 27 厘米

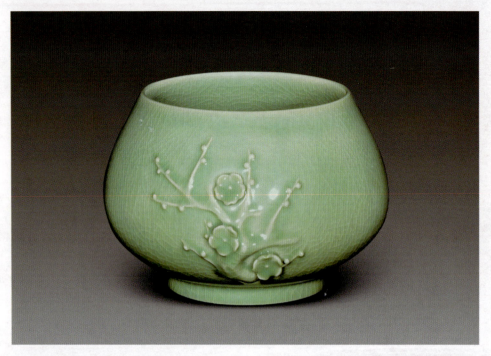

疏影钵（国礼）　口径 14.5 厘米，高 14 厘米，足径 11 厘米，腹径 22.5 厘米

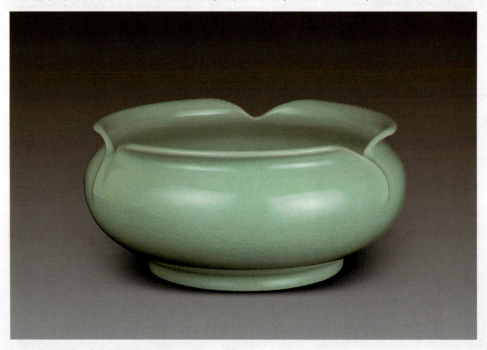

百合洗　口径 27 厘米，高 14 厘米，足径 17.5 厘米，腹径 26.5 厘米

板沿盆　口径 27 厘米，高 5.7 厘米，足径 11.5 厘米

国色天香发光盘　口径 35 厘米，高 7 厘米，足径 18.5 厘米

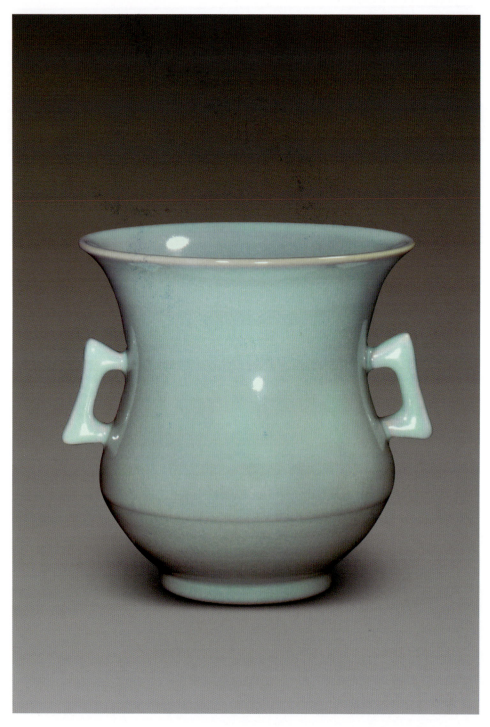

贯耳炉 口径 17.5 厘米，高 18 厘米，足径 9.5 厘米，腹径 15.5 厘米

广口洗　口径 23 厘米，高 7.8 厘米，足径 13.6 厘米

荷叶洗　口径 35 厘米，高 8 厘米，足径 15.8 厘米

吉祥尊 口径 13.5 厘米, 高 26 厘米, 足径 15.5 厘米

孔雀洗　口径 32 厘米，高 13 厘米，足径 10 厘米

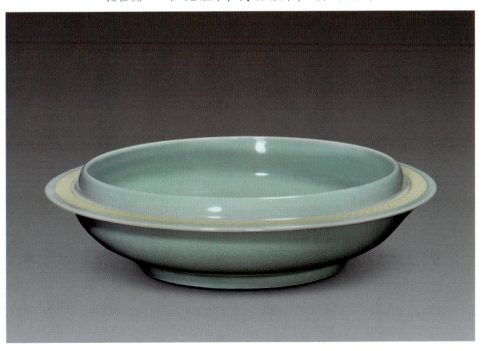

帽沿洗　口径 26.5 厘米，高 10 厘米，足径 18 厘米，腹径 33 厘米

图版二二　复烧汝瓷

纳海　口径 35.5 厘米，高 15 厘米，足径 19.5 厘米

千峰叠翠　口径 29 厘米，高 10 厘米，足径 25 厘米，腹径 35 厘米

三足洗　口径29厘米，高8厘米，足径30厘米

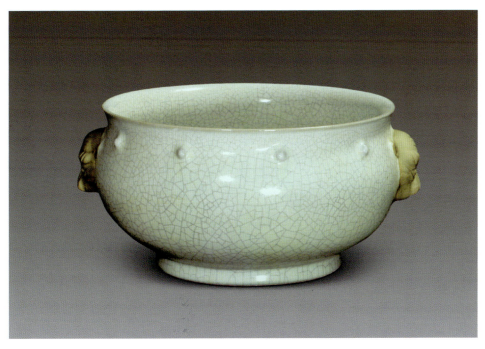

兽面洗　口径21厘米，高12厘米，足径13.5厘米，腹径24.5厘米

寿桃洗　口径30厘米，高11厘米，足径14.5厘米

卧牛洗　口径27厘米，高9厘米，足径15厘米，腹径29厘米

童趣　高36厘米，足径15.5厘米

弦纹尊　口径 27.8 厘米，高 18 厘米，足径 29 厘米

祥源尊　口径22厘米，高13厘米，足径14厘米，腹径30厘米

祥云盘　口径45厘米，高22厘米，足径20厘米

七十年代汝瓷馒头窑

1988 年 9 月，邓颖超在中南海西花厅接见孟玉松

1988 年，孟玉松出席第六届全国妇女代表大会时在人民英雄纪念碑前留影

1988 年时任临汝县工艺美术汝瓷厂技术科科长的孟玉松女士
在汝窑天青釉鉴定会上向专家组汇报天青釉研制过程

1999年，孟玉松女士的作品"国泰民安"瓶被人民大会堂收藏，
图为孟玉松女士在赠送仪式上

孟玉松研究汝瓷复烧技术

全国轻工联合会副会长杨志海、中国古陶瓷学会会长王莉英
莅临玉松汝瓷有限公司考察指导工作

2006年9月，中国军事博物院研究员李铎同志为玉松汝瓷有限公司题词

清华大学张守智教授向孟玉松颁发"有突出贡献陶瓷艺术大师"荣誉证书

中国古陶瓷研究会副会长 李辉柄先生为公司题名

河南省政府选用玉松汝瓷赠送俄罗斯驻华大使拉佐夫先生

联合国教科文组织官员卡贝丝女士观赏玉松汝瓷作品

国际著名雕塑家吴炫三先生在玉松汝汝瓷有限公司交流创作

汝官瓷鉴定会与鉴定组专家合影

第 43 届国际陶艺学会主席及委员到玉松汝瓷有限公司交流创作

耿宝昌先生为玉松汝瓷题词"流光溢彩"

故宫博物院研究员耿宝昌莅临玉松汝瓷有限公司

全国陶瓷工业协会会长杨自鹏考察玉松汝瓷有限公司

孟玉松女士担任《国家标准——汝瓷、钧瓷》评审专家组委员

哈佛大学艺术馆收藏玉松汝瓷

孟玉松在汝瓷烧制技术培训班授课

上海世博会收藏玉松汝瓷作品《中华尊》，汝州市市长万英出席

继往开来——汝瓷工艺传承人李晓涓

继往开来——汝瓷工艺传承人王向群

故宫博物院收藏汝官窑复制品奖状

人民大会堂收藏「国泰民安」
龙耳瓶证书

過利手刀一振即成雀口

造瓷尾圓器杯盤

陶車根埋土內